当妈后重新找回自己

敏感妈妈的情绪疗愈

〔德〕布丽吉特·肖尔——著

张晓宁 刘艾琳——译

北京科学技术出版社

The original German edition was published as

Brigitte Schorr: Hochsensible Mütter

Copyright © 2013/2022 SCM Hänssler in der SCM Verlagsgruppe GmbH, 71088 Holzgerlingen, Germany (www.scm-haenssler.de)

Simplified Chinese Copyright ©2024 by Beijing Science and Technology Publishing Co.,Ltd.

著作权合同登记号 图字：01-2023-6008

图书在版编目（CIP）数据

当妈后重新找回自己 /（德）布丽吉特·肖尔著 ；
张晓宁，刘艾琳译. -- 北京 ：北京科学技术出版社，
2024.7

ISBN 978-7-5714-3591-2

Ⅰ．①当… Ⅱ．①布… ②张… ③刘… Ⅲ．①家庭教
育－教育心理学 Ⅳ．①G780

中国国家版本馆CIP数据核字（2024）第025269号

策划编辑：	刘玥乔　郭　爽
责任编辑：	蔡芸菲
责任校对：	贾　荣
排版设计：	旅教文化
责任印制：	吕　越
出 版 人：	曾庆宇
出版发行：	北京科学技术出版社
社　　址：	北京西直门南大街 16 号
邮政编码：	100035
电　　话：	0086-10-66135495（总编室）0086-10-66113227（发行部）
网　　址：	www.bkydw.cn
印　　刷：	北京宝隆世纪印刷有限公司
开　　本：	710 mm × 1000 mm　1/16
字　　数：	151 千字
印　　张：	16
版　　次：	2024 年 7 月第 1 版
印　　次：	2024 年 7 月第 1 次印刷

ISBN 978-7-5714-3591-2

定　　价： 69.00 元

序

每本书都有其独特的历史。17 年前，当我成为妈妈时，我开始构思这本书的内容。那时，我还不知道自己是位高敏感妈妈，也不知道自己未来会专门从事与这类人群有关的工作。然而，从那时起，我的日常经历一直在告诉我：和其他妈妈相比，我确实有些不同。比如我更加敏感细心、多愁善感，更容易感到不安和迷茫，同时也更具有好奇心和同理心。这些特点使我进入了一种奇怪的状态，我几乎认不出自己了，但当时我还不知道其他妈妈可能也会有类似的感受。

2004 年，一些德语书籍开始讨论"高敏感"这个话题，但很少有作者将其与"妈妈"这个角色联系在一起。于是，我开始查阅相关文献，希望能为和我一样的高敏感妈妈提供帮助。在这个过程中，我意识到有很多妈妈渴望了解这个话题，于是我萌生了写这本书的想法。开始撰写这本书后，我开始重新审视妈妈这一角色。在写作的几个月里，我与许多人进行了交流，其中大部分是已经成为妈妈的女性。本书中的许多观点是我在过去的讲座和研讨会中提到过的，我与家人和朋友们也就这些观点展开了很多讨论。虽然部分观点可能会引起争议，但它们也可能引发你的深思。经过出版社和我个人的仔细审核，它们最终呈现在了读者面前。

为了用科学理论来支撑书中的观点，我广泛涉猎了社会学、心理学、艺术和文化等领域的知识，并从中获得了许多灵感。本书真实记录了我和其他高敏感妈妈的个人经历。尽管我希望能详细提到每个受访者的姓名和她们的故事细节，但由于篇幅所限，我只能保证真实地呈现这些故事的关键脉络，我希望这些故事能让你对高敏感这个话题有更加深入的了解。

在这里，我还想特别感谢我的妈妈。她曾将我视为沉重的负担，并用严厉的方式对待我。直到现在，我仍然无法确定我的妈妈是否也属于高敏感人群。然而，在我童年时期，如果没有她的严格教育，我可能也无法写出这本书。

我还要感谢我的两个高敏感孩子——拉斐尔（Raphael）和施特拉（Stella）。他们让我清楚地认识到自己的极限，促使我努力寻找适合高敏感人群共同生活的方式，引导我积极地看待为人母这件事，并将它视为发展自我的一个好机会。

我还要感谢我的朋友乌利（Ulli）和加布里埃莱（Gabriele），

她们其中一位也属于高敏感人群。我之所以非常感谢她们，是因为在写作过程中，与她们的讨论总能让我受益匪浅。当我在写作中遇到困难时，她们总是耐心倾听我的烦恼。有时，我们会聚在一起小酌一杯，进行头脑风暴，乌利还会为我们烹饪美味可口的食物。她们的关心和照顾让我深受感动。

另外，我要感谢我的好朋友朱迪特（Judith）。我们对高敏感这一问题的认识和看法总有异曲同工之处，这为我的写作提供了大量灵感，与她的交谈滋养了我的灵魂。我祝愿每个人都能拥有像朱迪特这样的朋友。

当然，我还要特别感谢汉斯勒出版社（Hänssler Verlag）的主编乌塔·穆勒（Uta Müller）女士，感谢她对我的信任和对这个项目的支持。每当我感到迷茫，她总能给我提供建设性的意见。同样，我要感谢我的出版编辑比特·图马特（Beate Tumat）女士，她一直以来都以仔细、谨慎和尊重的态度对待我的书稿和我所提出的建议。

亲爱的读者朋友们，您可以将本书作为获取信息的工具书，也可以借助每章末尾提出的问题来深入思索和探讨我们所讨论的主题。

布丽吉特·肖尔（Brigitte Schorr）

写于阿尔特施泰滕，2012 年秋

目　录

第二章　高敏感的我成了妈妈　/ 79

如果你想成功地与自己的高敏感特质和解，首先要了解哪些个人经历导致你变得高度敏感，这种认知能够让你内心世界的逻辑变得更加清晰。

第三章　高敏感妈妈也是好妈妈　/189

高敏感妈妈通常对孩子的需求有一种明确且敏锐的特殊直觉，有助于让你在遵守原则与自由灵活之间取得平衡——前提是你没有把这种天赋的作用本末倒置。

第四章　乘风破浪的你　/237

你的行为将变得更加自主，更加符合你内心的真实需求。最终，你将更好地了解、更容易地接纳自己和孩子，进而使你们的亲子关系更加融洽。

11 月一个周二的下午

一个年轻的女人坐在床边，注视着她的小儿子。小男孩在这个单身公寓里爬来爬去，探索着他所能触及的一切。他先是爬进一个衣柜的空抽屉，然后又爬了出来，如此往复多次，满怀期待地注视着他的妈妈，举手投足间都向妈妈示意着：他想出门玩耍。果不其然，他的行为和目光所发出的信息已经完全被他妈妈接收到了。不过，妈妈的脑海中闪过一念：如果抽屉关得太快，儿子娇嫩的小手指可能会被夹到。往外看去，此时阳光明媚，她本想给自己和儿子穿上暖和的衣服，一同外出享受深秋的阳光。然而，内心一闪而过的念头却阻止了她这样做。她没有采取任何行动，仍然坐在床边继续注视着儿子。渐渐地，孩子的情绪变得焦躁不安。

其实，这位妈妈不愿意出门，是因为她刚刚搬到这个小区，这里的一切都让她感到陌生。家里只有孩子的爸爸在外工作，他刚刚在一家大型企业谋得了一个职位，全家都要搬到这里居住。对于这位年轻的妈妈来说，房间外的世界似乎十分陌生，甚至对她充满了威胁，她理所当然地认为自己无法独自面对外出时可能遇到的各种情况。独自准备婴儿车、整理妈咪包（不知为何，她给孩子准备的东西虽然不多，但总是把妈咪包塞得满满的，而其他妈妈的包似乎总是空空荡荡而且整洁有序）、给小家伙穿好衣服（尤其是在秋冬季节，这需要花费很多时间和精力），然后再带着孩子离开房间——这些对她来说都是挑战。

这位妈妈内心希望能够安静独处，但很快她就为这种想法感到内疚，这种内疚不断提醒着她：孩子需要外界环境的刺激和娱乐活动才能健康成长，而她恰恰需要对此负责。更何况，她刚刚阅读的那本书里提到，每天带孩子外出散步对幼儿的社交发展非常重要。然而，对这些事实性结论了如指掌的她，仍然全身心地抗拒外出，因为初来乍到让她感到实在不安，在她看来，路上行人的目光甚至都对她充满好奇，令人心烦意乱。自从成为妈妈，她惊讶地发现，完全不认识的人居然也会给她提一些育儿建议，他们还会观察、打量她和孩子，暗自猜测她是一个什么样的妈妈。有时，她甚至觉得自己能听到别人的想法，因为她可以通过对方一瞬间的面部表情和神态举止来分析那些人的心理。然而，大多数时候，这种分析对她毫无帮助。她感到孤独，觉得这世上没有人能够理解她，她即使使出浑身解数也只能勉强地应付周围的一切。陪伴孩子时，她尽量让自己表现得和蔼友善，但实际上，她一直处于十分疲惫和受到过度刺激的状态。在抚养孩子的过程中，如何保持稳定的心理状态成为她正在面临且需持续攻克的首要难题。

那个下午，这位年轻的妈妈最终也没有迈出家门。然而，在接下来的几天里，她仍然试着强迫自己带孩子出门散步。她自己都不太理解：明明她非常爱自己的孩子，为什么生活会变成这样呢？其实，**让她无所适从的原因在于，她既是一位母亲，同时也是一位高敏感者。**

对于一名女性，无论是成为妈妈，还是拥有高度敏感的性格，都会影响其生活的状态与质量。当今社会，每个妈妈所面临的艰巨挑战也各不相同：如果一个女人决定成为妈妈，她就必须做好准备并承担这个角色所带来的变化。一方面，妈妈无法像以前一样继续她们的职业生涯，这种情况并不罕见。如果她们坚持追求事业，那么她们的上司或家人迟早会告诉她们那个广为人知又冰冷的事实：家庭和事业是无法兼顾的。另一方面，如果她们决定放弃事业，成为一名全职妈妈，日复一日地留在家里照顾孩子，她们很快就会变成别人眼中每天围着灶台转的家庭主妇。同时，她们还将面临一些"失去"，比如失去工作、失去个人经济能力、失去社会认同，甚至因为对丈夫的过度依赖而丧失自我人格的独立性，而这些问题对女性在社会上立足与生存都甚为重要。女性主义运动为女性群体争取自己的美好生活做出了卓越贡献，也让每个女人（以及每个男人）意识到，人格与经济的独立是值得追求的生活目标，但这一切无疑会在每一位女性成为妈妈后变得遥不可及。

与只是性格较为敏感的普通人相比，高敏感者对内外部刺激有着更加强烈的反应。他们对气味、声音、氛围、他人的感受以及没有明确表达出来的期望会产生更加敏感的思考与反应，并且往往会过分担忧自己的行为以及与他人的相处方式是否恰当。日常的生活常常令高敏感者紧张又疲惫，因为在他们的内心感知与内外环境刺激之间，几乎没有任何"过滤器"作为屏障。一些重大事件，比如孩子的出生，会给高敏感者带来强烈的刺激和情感思绪的剧烈涌动，就像猛烈的海啸一般，冲击着他们的心灵。

当一个高度敏感的女性成为妈妈，她与生俱来的敏感特质就与她全新的社会角色融合在了一起。这种变化有时会让人感到沉重、矛盾和缺乏安全感，并且许多高敏感妈妈通常要独自面对这些情绪，有的是因为不能或不想说出自己的感受，有的则是因为感受到周围环境的压力而不敢表达自我。

一个人与生俱来的某些人格特质有时只有通过外部事件的刺激才会显现出来，比如严重的事故、致命的疾病、亲友的死亡，或者是孩子的出生，在这些情况发生之前，我们基本上无法预测自己的反应。自称有耐心的人实际上可能并没有他们想象得那么有耐心，自称胸襟宽广的人也可能意想不到自己会为小事斤斤计较。也就是说，人的个性在一生的进程中会不断发生变化和成长。当然，我们的有些人格特质会保持不变，它们塑造着一个人的主导人格。也正是因为如此，当一群好友几十年后再次见面，他们会发现彼此在本质上仍然还是原来的样子。

尽管人格特质相对稳定，但在不同的人生阶段和境遇下，它也会以不同的形式表现出来。以一个人喜欢对内心活动和外部事件进行反思的特质为例，如果一个孩子天生具备这种特质，那么在童年和学龄期，它可能表现为孩子喜欢安静地观察；而在青春期，同样的人格特质可能表现为对现实状况的反叛和对真理的执着追求；当成年后，这种人格特质则可能演变为喜欢与别人深入交谈或争论的性格。

一般来说，人们无法直接从表面行为判断一个人是否敏感。在前文提及的例子中，我们可以认为那位年轻妈妈没有出门可能是因为她太累了，或者只是因为她不想出门。然而，通过更仔细的观察和深入研究，我们才会发现，真正的原因在于她的高度感知能力，也就是高敏感特质。

那位年轻的妈妈可能一直以来都十分敏感，但到目前为止，这种特质从未显现过，也没有对她的生活造成困扰或负面影响。然而，在她成为妈妈之后，她突然对日常事件产生了异常敏感的反应。在这种情况下，我们就可以说她正处于"过度刺激"的状态，用专业术语来说是产生了强烈的"情感反应"，即日常生活中情绪不稳定的状态。

在当今社会，关于育儿的书籍摆满了书店，这些书的适用范围涵盖了各个年龄段的孩子。这些育儿书籍大多关注孩子这一主体的幸福成长，而作为妈妈，她们也有自己的需求和渴望，可是她们自身的幸福感却在某种程度上被忽视了。

身为人母，特别是高敏感的女性，如何才能获得积极的人生体验？她们该如何平衡自己和孩子的生活质量？这些问题的答案都在这本书中。此外，本书还详细介绍了高敏感者的反应机制。它告诉我们，只要善用自己的敏感天赋并适度表达，高敏感就不会成为妈妈这个角色的障碍，反而可以让妈妈的生活更加充实和丰富多彩。想要与自己的高敏感特质和解，需要从生理和心理两个层面入手。因此，本书还提供了相关的练习和建议，希望能够为高敏感的妈妈带来有效的指导和帮助。

顺便一提，开篇提到的年轻妈妈并不是我虚构出来的一个人物。没错，那位年轻的妈妈就是我自己。我至今仍对自己在房间里纠结的那个场景记忆犹新。如果当时我知道自己是一位高敏感妈妈，我也许就可以更积极地看待我自己的生活，更理性地看待与孩子们相处时发生的许多事情了。如果我更早地了解到自己天生的个性特质，我也许就能更早释怀，打开通往平静内心的大门。我希望这本书能帮助高敏感的妈妈找到更加从容的处事态度和让情绪更加稳定的生活方式。

第一章　你也许只是『高敏感』

当 一个高度敏感的女性成为妈妈，她与生俱来的敏感特质就与她全新的社会角色融合在了一起。这种变化有时会让人感到沉重、矛盾和缺乏安全感。

1.
像含羞草一样敏感

"任何人的敏感都不该被轻视——敏感是一种天赋。"

——夏尔·波德莱尔（Charles Baudelaire）[1]

- 高敏感特质 -

在我们身体和心理的发展过程中，许多情况都可以在自然界中找到对应的类比。当我们谈到高敏感这一话题时，我们很容易想到一种因敏感而闻名的植物——含羞草。也许你曾经有过被

---

[1]　夏尔·皮埃尔·波德莱尔（Charles Pierre Baudelaire）是19世纪的著名诗人，法国象征派诗歌的代表人物，著有《恶之花》《巴黎的忧郁》等代表作品。——编者注

别人称作"含羞草"的经历。通过观察，我们可以注意到一个十分明显的事实：含羞草对触碰非常敏感，对光照和温度的变化也有强烈的反应，并且它不喜欢被摇晃。尽管它具有如此特殊的性质，但在遭到触碰时，含羞草只会暂时合拢被碰到的那部分叶片，其他叶片则不会受到任何影响，并且，如果之后没有人触碰它，那么过一段时间后它就会再次舒展开来，焕发出勃勃生机。

在我看来，高敏感的人同含羞草一样，他们之间具有某些相同的特质。与只是较为敏感的普通人相比，高敏感的人对内部和外部刺激有着更加强烈的反应，仿佛他们感知的效果被一个放大镜放大了。

目前为止，究竟是什么原因导致了这种被放大的感知能力的形成，人们还无法证实。这可能是因为高敏感的人本就拥有更发达且更为敏锐的神经系统，也可能是因为他们大脑中特定的神经回路在发挥作用，还可能是因为他们脑中神经递质的相互作用机制与其他人不同。总之，目前的研究尚未给出明确的答案。尽管我们知道高敏感人群的存在，但是高敏感的人与普通敏感的人在生物学上是否存在差异，还需要进一步的研究来证实。目前已经有迹象表明这种差异确实有存在的可能，但是关于其作用机制尚无定论。

但有一点可以确定：高敏感的人具有极高的感知和感觉能力。**这是一种能力，同时也是一种负担。因为作为高敏感者，**

他们无法主动选择自己想要强烈感受的事物，也无法屏蔽掉自己被动接受的不想要的刺激。他们的内心世界与外界刺激之间几乎没有任何"过滤器"。 举例来说，有些人可能对声音，尤其是噪声特别敏感；有些人可能对气味特别敏感，甚至可以嗅到两层楼下刚刷过的油漆的气味；还有一些人对人际关系的感知十分敏锐，他们进入一个房间时，能清晰地感受到空气中的紧张感，或者在派对上很快就能分析出在场人员之间的关系。这些都是天生高敏感的表现。

我们需要注意的是，在大多数情况下，这些外界刺激会同时涌向一个高敏感者。以参加派对为例，高敏感者独自一人参加派对，发现派对现场正在播放他不喜欢的音乐，且这十分吵闹的音乐已经达到了他忍耐的极限，加上在场有许多陌生人、不同的香水味、五颜六色的衣着、刺眼绚丽的灯光，还有光线昏暗的角落、不舒适的椅子、无法倚靠的圆桌、周围陌生人目光的注视，甚至没有人对他友善微笑或表示欢迎——这些刺激会对高敏感者的神经系统产生影响并对其身体状况或心理状态产生特定的作用。

- 被放大了的共情感受 -

高敏感意味着，无论你与当前所处情境有无直接关系，你

都会产生强烈的共情感受。举个具体例子，如果你是一位高敏感者，那么在你目睹别人发生冲突或争吵时，你会将自己置身其中，同样受到别人情绪的影响。

试想一下这种情境：你女儿的学校将要举办一个跳蚤市场活动，几个星期以来，你和孩子一起整理她的旧玩具，讨论她想留下哪些毛绒玩具，以及是否要保留玩具车。对你女儿来说，这意味着她要与喜欢的东西告别。你将这些玩具放进箱子里，终于等到跳蚤市场活动的那一天。当你把装有玩具的箱子放进车里时，女儿非常兴奋，像个小皮球一样在你周围跳来跳去。找到停车位后，你们带着包和箱子来到学校操场，在一个小角落铺开女儿的毯子，看到其他父母和孩子随意占据很大的空间，你对这种行为感到有些恼火。你让女儿看着角落里铺开的毯子，自己则去找洗手间、找停车位、搬箱子到操场，操场上的噪声已经让你的神经紧绷起来，直到另外两位母亲突然开始激烈地争吵，你才意识到自己的紧张状态。虽然此时你对操场上发生了什么一无所知，但你突然开始心跳加速，并不由自主地把头缩起来，形成一个保护壳。

接下来，你逐渐了解到，争吵的两位母亲中有一位是外国人，说话不太流利，只能断断续续地用不完整的句子表达自己的想法，听起来像在骂人。由于语言表达的困难，她只能通过提高自己的音量来弥补吵架的气势。于是她每次说话时，你都会被吓一跳，这更是加剧了你生理上的不适感。显然，这位母亲无法用流畅的语言清楚地表达自己的想法，你能够体会到她的困境，而这种压力让你的神经紧绷，甚至胃部都感到难受。

与此同时，吵架的另一位母亲则是本地人，她正在用流利的语言自如地与另一方"对话"，其中夹杂着很多骂人的词，她在不停地攻击对方，每句话都像是一记重拳击打在你身上。尤其是她这种对外国人不友善的心理更是让你感到不安。你尽力不让别人注意到你，选择悄悄地逃离现场，但你的双手仍在颤抖，情绪仍然激动。离开后，你终于松了一口气，但几个小时之后，本不该被吵架所影响的你却仍感到紧张和不安，脑海中不断回想着那些争吵中的恶言恶语，并一直在思考，这两位母亲本可以用和平的方式解决这场争端，但为何她们却偏偏选择了最令人不适的一种方式呢？

在你阅读上面的例子时，你有什么感受？是否能够感到自己的心脏也在加速跳动？仿佛你自己就置身于这片旋涡之中。

- 与敏感和谐相处 -

现在想象相同情境的另一种可能。几个星期以来，你一直在为女儿的跳蚤市场活动做准备。活动当天，你花了些时间找到停车位，然后悠然自得地走进学校操场。操场上的噪声和喧闹让你感到烦躁，这时你突然想去洗手间，你在去洗手间的路上刻意放慢了脚步，并有意识地控制呼吸，让气息下沉到腹部，从而恢复平静感。这种从烦躁到平静的心理变化让你感到高兴。

当你到达洗手间入口时，你听到里面传出激烈的争吵声，但你成功地将精神和注意力转移到已经恢复平静的自我身上。尽管你察觉到外界的冲突正在升级，并开始听到里面传出一些难听的脏话，但你清楚地明白这一切与你无关，你能够让自我处于不受干扰的状态。接着你进入洗手间，冷静而放松地完成自己要做的事情，并有意识地控制呼吸，防止心跳加速。在专注的过程中，你感到自己的心理控制能力很强大，能够冷静应对外界的干扰。尽管两位母亲仍在那里大声争吵，但你仍然能够慢慢地、平静地离开洗手间。此刻，你的内心充满喜悦，期待着马上能回到可爱的女儿身边，想象着她天真快乐的模样，你的心也瞬间被温暖了起来。

你感受到这个情境的两种版本之间的不同之处了吗？你能够察觉到其中发生了什么变化吗？我遇到过一些高敏感者，他们能够与自己的敏感和谐相处，过上幸福满意的生活。但仍然有一些高敏感者无法与自己的敏感和解，生活得并不轻松快乐，甚至影响到了身体和心理的健康成长。

从上述情境的两个版本中，我们可以看到完全不同的应对态度。我要告诉你一个好消息：**每个高敏感者都可以与自己与**

生俱来的敏感个性和谐相处。我承认,在实现这个目标的道路上有时会遇到困难,但如果人们掌握了正确的方法,就能够冲破艰难险阻,成功实现自己的目标。最重要的是,你要按照自己的节奏和需求循序渐进。就像一位参加过自行车比赛的运动员曾告诉我的那样,即使是像我这样不擅长运动的人也完全有可能骑着自行车上山,只是我需要采取的方法与那些训练有素的人有所不同。**有时,阻碍我们个人发展的恰恰是我们对自己的不合理期望和与他人进行比较的心理**。在思考和感受方面,高敏感者与普通敏感的人确实有很大不同。因此,如果你将自己与普通敏感的人进行比较,那就相当于把苹果和梨进行比较,而这样做并没有什么意义。

前文中含羞草的例子可以让你明白:当你受到外部的刺激时,你身体或心理上的某些部分的确会受到影响,就像含羞草一样,这部分可能会暂时封闭起来、感到受伤,甚至不堪重负,但在一段时间后,受影响的部分会再次舒展开来并焕发生机与活力。也就是说,虽然高敏感者容易受到外界的刺激与伤害,但这一群体也同样拥有十分强大的韧性。本书后续章节将会更详细地介绍这部分内容。

2.

判断高敏感的四个标准

几乎每个人都会或多或少地表现出前文中提到的敏感行为，世界上也几乎不存在两个敏感点完全相同的高敏感者。那么你可能会问，高敏感者和普通敏感者之间究竟有什么区别呢？尽管存在个体差异，但我们还是能通过下面一些明显的特征和标准将高敏感者和普通敏感者区分开来。

判断一个人是否高敏感的第一个标准是，高敏感者的舒适区范围很狭窄。所谓舒适区，就是让人们感觉很舒服、怡然自得，不会让自己觉得不适或困扰的心理区域。相比于普通敏感者，高敏感者的舒适区范围要狭窄得多。在这个狭窄的舒适区范围之外，他们的身体或心理会出现两种对立的情况反馈：要么会因为刺激太少而感到无聊，要么会因为刺激过多而产生过激反应。过多或过少的刺激都会让他们感到不舒服,从而被迫脱离自己的舒适区。为了在这些外界刺激的介入中找到一个平衡点,高敏感者需要时刻高度关注自己的心理感受和精神状态,例如在结束了一天忙碌的工作之后,普通人可能倾向于去街角的酒吧小酌一杯,而高敏感者可能只想回到家中,找寻自己的个人空间,独自静静。

高敏感者的舒适区几乎每小时都在发生变化。在不同的时间,他们对光线、温度、环境、气氛以及对他人想法的感知都有所不同。他们可能在一小时前还独自一人裹着毯子,倾听窗外的雨声,并对此感到心满意足,而现在却因为这种孤独而突然感到沮丧。他们可能想,和大家一起玩也许会很快乐,这时在他们眼中,屋外滴滴答答的雨水似乎像一滴滴伤感的眼泪,在内心深处源源不断地流淌。

这种情绪的反复变化不仅会使高敏感者本人心力交瘁,也会让他们身边的人感到疲惫不堪。因为他们无法完全读懂高敏感者的内心想法。高敏感者虽具有丰富的感知能力,但这并不代表他们喜怒无常或阴晴不定,他们只是对周围的事物有更加多样化的体验和更加细微化的解读方式而已。

判断一个人是否高敏感的第二个标准是,高敏感者更容易受到过度刺激。高敏感者在受到过度刺激时,会感觉所有事情都在一股脑儿地同时发生,让人应接不暇,在这样的压力之下,自己会变得紧张烦躁，精神紧绷，以至于连日常生活中最基本的小事都无法自如地完成。如果敏感到一定程度，甚至为家人做一顿早餐这样的小事也会引发过度刺激反应。

许多高敏感的妈妈告诉我，为了能够不慌不忙地准备早餐，她们需要起得很早，因为她们需要一段时间来让自己做好足够的心理准备，迎接这一天即将到来的"暴风雨"。如果孩子起得比平时早些，那么她们享受舒适区的时间就会被挤压，因此她们会受到过度刺激。

对那些极其敏感的人来说，在街上遇到的每一个人、接收到的每一项任务、与他人的每一次谈话都可能使他们受到过度刺激。他们会因为这些稀松平常的事情变得焦躁不安，同时感到手足无措。在这种过度刺激的状态下，高敏感者会感到迷茫、焦头烂额、心乱如麻。由于强烈的刺激使人无法冷静且理智地思考，他们会变得十分易怒、暴躁。这些反应会让高敏感者本人和他们周围的人都感到困惑。对高敏感者来说，过度刺激的场景无所不在，已经成为他们日常生活的一部分。

判断一个人是否高敏感的第三个标准是，高敏感者受影响的时间持续得很久，也就是说，他们所经历的事件会更为持久地对他们产生影响。高敏感者的大脑就像一个存储器一样，会收集所有的事件、电子邮件、通话和对话内容。在得到妥善处理前，这些信息有时会在高敏感者的大脑中被保留数周之久。

这就解释了为什么有的人会因为电子邮件中发件人一句不经意的话而困扰良久，或者总是疑惑为什么邻居跟自己交谈时的态度好像很敷衍。最终，高敏感者会在脑海中不断回想和反思自己的行为是否正确，并幻想出很多自己本可以采取的、更好的处理方式。

判断一个人是否高敏感的第四个标准是，高敏感者拥有强烈的个体感知能力。相比普通人，他们对某些事物的感知尤其强烈。 但是高敏感者之间的个体差异也非常明显，他们在各个领域的敏感程度也有所不同。有些人在某一领域有非常敏锐的感知能力，比如对气味、触感、色彩、形状、声音或情绪等某个特定领域十分敏感，但在其他方面可能就不那么敏感了。

3.
环境对敏感人群的影响

- 对高敏感特质的不同态度 -

研究表明，除去文化背景因素的影响，大约有15%至20%的人属于高敏感人群。高敏感者一直存在，只是不同社会对敏感这一特质有着不同的看法。一个敏感特质被人们高度重视和赞赏的社会，与一个只重视坚韧和执行力的社会相比，高敏感者在两种社会之中的生活状态存在着巨大的差别。

有比较研究表明，在一些地方，敏感的孩子在班级中的排名普遍靠前，而在另一些地方，这类孩子却是最不受重视的一群人。在中欧国家，人们可以观察到这两种情况同时存在：敏感特质本身在这里并不受重视，除非你是一位能够利用自己的敏感天赋赚钱的艺术家。但如果你是一个普通的、没有特殊艺术天赋的、仅仅只是异常敏感的人，就很容易被称为"含羞草"或"弱者"。

现在，仍然有许多人，包括很多老师，认为必须让孩子"吃苦"，以此训练他们消除自己的敏感特质。但试想，人们如何能让梨树结出苹果呢？无论人们对这棵树做什么，它也只能结出梨子来。**同理，无论人们让一个天生敏感的孩子做什么，他的敏感天性都不会因此而得到改变。然而，人们对待敏感特质的不同方式，确实会对敏感者本身产生影响。**如果一个孩子发现自己因为敏感而不受欢迎、不被关注，发现周围的人总是希望自己变得不再这么敏感，那么这个孩子可能会走向两条截然相反的道路：要么他会表现得更加叛逆，要么他会变得畏首畏尾。不管是哪种情况，这个孩子今后都会竭力克制自己的敏感表现。在他长大成人、结婚生子以后，他们天生的敏感特质和几十年来被成功压制住的种种敏感表现，就可能通过烦躁、易怒、神经质等症状爆发出来。虽然许多成人只有在与自己的孩子相处时，才会意识到自己到底有多敏感，但事情的真相是：其实他们身上的敏感特质从来都没有消失过。

目前，有越来越多的迹象表明，当今社会的主流观念正在发生变化。近年来大量出版的以高敏感人群为主要读者的书籍就证明了这一点。越来越多的人认识到高敏感人群也具有极高的社会价值，越来越多的高敏感者开始尝试打造适合自己的生活模式。然而对很多高敏感的人来说，接受自己的敏感特质并与其和谐共存却不是一件易事。尽管敏感特质在私人生活领域已经得到了认可，但在公共领域，如幼儿园、学校及职场中，敏感特质却很少甚至完全得不到认可。除此之外，对于高敏感人群而言，拥有这样敏感的特质却无从表达，会让他们在生活中感到更加举步维艰。

- 高敏感不是内向 -

总的来说，高敏感是一种天生的特质，具有这种特质的人群对内部和外部刺激的感知要比普通敏感者强烈得多。**我们可以根据四个标准将高敏感者与普通敏感者区分开来：狭窄的舒适区范围、容易被过度刺激、受到影响的时间会持续得很久、在某些领域拥有强烈的个体感知能力。**

除了上述几点之外，还有一点不能忽略，**那就是大多数高敏感者似乎性格相对内向**。现有的统计数据表明：有70%的高敏感者属于性格内向的人群。因此，大多数关于高敏感人群的书籍也同时是针对性格内向人群的。本书的内容也主要面向内向型的高敏感者，但在此我也想简单提及一下外向型高敏感者的特点。

相较于内向型高敏感者,外向型高敏感者似乎更容易与他人建立并保持社交关系。他们并不是典型的社交恐惧症患者,与人寒暄也毫不费力,乍一看也可能根本看不出他们属于高敏感人群。社交活动不会对外向型高敏感者产生过度刺激,但在遇到一些实质上的事务问题,比如要处理的工作太多时,外向型高敏感者可能会受到过度刺激。对于内向型高敏感者来说,保持良好的人际关系已经是一件非常具有挑战性的事情了,**然而他们又很渴望拥有正常的社交能力,作为妈妈的高敏感者尤其如此,因为她们往往希望能有机会与其他妈妈多交流、多沟通。**

在这一点上,我必须强调,**高度敏感并不等同于内向或害羞**。高敏感是一种独立存在的先天性格特质,而害羞则是一种后天形成的性格特质。有些人会变得害羞,是因为他们曾经历过让自己变得矜持和谨慎的场景或事情。

如果一个人的性格既非常内向又容易害羞,同时还具有高敏感的特质,那么他当然希望自己能够变得像朋友或同事那样爽朗外向。在这里我想说的是,一个内向的人可能永远不会真正变得外向,但他可以从外向的人那里学习某种能力,比如如何与陌生人开启一段对话。与之相对地,外向的人也可以从内向的人那里学习如何变得内敛和克制,这些品质有时也是必要的。内向和外向，并不存在哪种性格"更好"的定论，只存在已有能力和有待学习的能力之分，仅此而已。

内向型和外向型的高敏感者都可以在这本书中找到适合自己生活方式的建议。

4.

自我测评：你是高敏感的妈妈吗？

以下是一份简单的自我评估问卷，可以帮助你判断自己是否是一位高敏感的妈妈，本评估结果仅供参考。需要注意的是，即使其中只有一条尤其符合你的情况，也有可能说明你是一个高敏感者，但是得出"你是一个高敏感者"的结论仍需要综合考虑许多表现，这份评估问卷仅用于初步的自我测评。

伊莱恩·阿伦（Elaine Aron）撰写的《你是个高敏感者吗？》（*Sind Sie hochsensibel?*）一书中列出了一份用于评估高敏感特性的普遍适用性问卷，而以下问卷是专门为妈妈这一群体设计的。问卷内容如下：

1. 当孩子需要我一直陪伴左右的时候，我经常感到不堪重负。

2. 孩子的情绪强烈地影响着我。

3. 当孩子想要跟我有亲密的身体接触时，我会感到有些过头而不自在。

4. 我经常暗自思考，我其实并不是一个好妈妈。

5. 我经常思考我应该如何做，才算是个好妈妈。

6. 孩子哭的时候我会感到生理不适。

7. 我会尽量避免那些不确定的、无法预测的情况。

8. 我认为在孩子身上发生的任何事情，我都对此负有责任。

9. 我有很强的责任感和义务感。

10. 当我同时有很多事情需要处理时，我就会变得烦躁易怒。

11. 如果我不能给孩子提供我认为他需要的东西，我就会经常感到内疚。

12. 我经常想独处。

13. 我经常感到疲惫不堪，心力交瘁。

14. 在别人面前，我感觉自己跟孩子的相处模式经常表现得不太自然。

15. 我经常不确定自己是否能满足孩子的需求。

16. 我觉得亲子小组、幼儿爬行小组和儿童游戏小组很无聊。

17. 我能很好地换位思考，我认为自己很擅长了解他人的感受。

18. 很多时候我很难向老师等教育工作者表明自己的主张，因为我不想伤害任何人。

19. 在教育过程中，以一贯的方式对待孩子（不轻易改变规则或对待孩子的方式）对我来说相当困难。

20. 当别人提出批评或给予反馈时，我经常会觉得这是针对我个人的。

如果上述内容中有12条及以上的描述与你的实际情况相符，那么你很有可能是一位高敏感的妈妈。现在你可以重新评估那些影响你日常状态的事情，并将之前的各种经历进行分类。我也以这份问卷为底稿，对高敏感妈妈群体进行了采访，并将她们的回答写进了这本书中，以期对阅读此书的你们有所帮助。

此外，在这个研究领域还存在其他用来描述"高敏感"这个概念的术语。除了"高敏感"（high sensibility）之外，最常见的是"高敏感性"（high sensitivity）一词。支持这一术语的专家认为，高敏感性一词更加强调感官的处理过程，而不仅仅指敏感的感觉。旧金山的临床心理学家伊莱恩·阿伦

（Elaine Aron）是高敏感性领域的研究先驱，她将高敏感性特质描述为"感官处理敏感性"（英文缩写SPS），即"一种由神经系统引起的敏感性，它不断接收和传递所有微妙的细节信息"。我认为，这些不同术语之间的细微差别对高敏感者来说并没有什么实际意义。你只需要知道有哪些术语是用来描述这种特质的，并使用自己感觉最舒服的那个词就好了。因此，我在本书中还是会一直使用"高敏感"一词来描述这个特质。

5.

把"过度刺激"变成有益的工具

- 让你难受的"过度刺激"-

正如前文所述，天生高敏感的人容易被过度刺激，许多人都将此视为一种烦恼。在我们对待某种事物时，所有人都只想获取其中对自己有利的部分，而不愿接受那些不利的部分，这就好比你只想吃蛋糕上的樱桃而不想要整块蛋糕。但试想一下，如果每天都只有蛋糕摆在你面前，而你只吃上面的樱桃，那你是吃不饱的。况且，只吃樱桃也会导致你营养不良，随着时间的推移，你会忘记其他食物的味道，从而对樱桃产生依赖。因此，为了体验整个蛋糕的美味，你还需要品尝樱桃下面的蛋糕胚和奶油。

很多来到我诊所的人都希望我能帮助他们摆脱过度刺激。**但事实上，我们应该认识到过度刺激是自我的一部分，就像夜晚是一天中的一部分一样——这是提升自我能力的第一步，也是十分重要的一步。**如果你能够坦然接受自己天生高敏感的事实，并认识到，天生的高敏感让你更加富有同情心、鉴赏力、认知天赋和辨别力，那你就必须同时接受另一个事实，即经常会有某些时刻，过多刺激让你难以承受，你不知道如何恰当地处理如此繁杂、令人不安的因素。可以这么说，这些相对"残酷"的事实就是你拥有丰富感知能力的代价。

接下来的章节将详细讲述可能给高敏感妈妈带来压力的事情或场景。然而，在此之前，我们首先需要了解"过度刺激"这个基本概念。那么，究竟什么是"过度刺激"呢？在我看来，**过度刺激是一种主观感觉，即一种让人感到"太多了""过头"的感觉。过度刺激没有客观的衡量标准，你任何时候所经历的一切对你而言都可能是"过多"的。**比如当你的两个孩子同时对你说话时，你可能会感到"太多了"；当你想到今天还有很多任务没有完成时，你也会感到"太多了"。实际上，有无数种情况可能会让你感到"太多了"。

感到"太多了"的同时，你还会感到自己无法应对这一切。调节过度刺激意味着找到应对它们的方法，而这些方法首先将会出现在你的头脑中。

- 忠于你的身体感受 -

我在书中推荐的练习和提出的问题旨在引导你进行观察和思考。与此同时，我也非常理解你的身体会对过度刺激产生反应，因此我同样强调你要特别注意感受自己的身体。在一些传统文化中，身体意识只是次要的，所以你可能并不习惯主动地关注自己的身体反应，但其实关注身体反应是解决很多问题的关键。

在养成这一习惯的过程中，初始阶段可能会很困难，你或许无法准确感受到身体对过度刺激的反应，从而觉得这个反应并不重要。但是假如仔细观察一个婴儿，人们就会发现，当他因饥饿而哭泣时，整个身体都会有所反应。因为对于刚出生的孩子来说，饥饿本身就是一种威胁生命的情况，以至于他要努力用整个身体表达出这种感受，这可能会自然地表现为：小小的身体不断颤抖、小手紧握、小腿绷紧、眼睛和嘴巴张大的同时发出响亮的哭声，向周围的人发出求救信号。在生命的这个阶段，精神上的痛苦会直接反映在身体上，每个新生儿都是如此。

在西方文明中，尤其是在启蒙运动的影响下，人类的理智被赋予了极高的重要性，其代表人物是让－雅克·卢梭和丹尼斯·狄德罗，这一时期人类重视理智的思想流传给了后人。我们可以发现，在强调理智的文化传统中，身体方面的问题往往很少被人们关注。如果人们从幼年时期就被引导关注理智的发展，那么最终，他们常常会忽视身体向他们发出的信号。成年后，你可能会有这样的表现：劳累或受到过度刺激后，你的身体根本不会做出任何异常反应，至多表现为偶尔头痛或者颈椎不舒服。

这种忽视身体反应的习惯已经成为人们走向美好生活的障碍，因为我们并非生来如此。高敏感者如果想学会调节过度刺激对自己的影响，也需要从身体层面入手，逐步实现对身体反应的感知与重视、对过度刺激的调节与适应。这就是为什么我在开篇时反复强调要仔细感受自己的身体。

如果你开始更为主动地感知自己的身体，你会注意到它经常向你发出一些清晰的信号。或许你不会立即感受到这些信号，从信号发出到感知会有一定的延迟，但你可能已经注意到了，某些看似微不足道的事情也会让你感到胃部收紧、胀气、胸口压抑，或者身体的某些部位会感到紧绷或抽搐。高敏感者的身体就像一台用于探测地震的仪器一样，具有相当高的精确度和敏感度，在大脑对外界刺激产生意识之前，他们的身体就会率先做出反应。

- 过度刺激的启示 -

在继续讨论感知身体反应之前，我们也可以先从思维层面谈起。你有没有想过，如果对过度刺激的感知也是一种信号，那这一信号究竟在向你暗示什么呢？感觉"太多了"是否有什么提示功能呢？例如它可能是在提醒你思考一下是否有未处理完的事情，或者只是为了让你意识到是否记错了某个重要的会面时间？

感到压力很大、不堪重负，可能意味着你还没有找到适合自己的生活节奏。与人们的普遍认知相反，**高敏感者如果能按照自己的价值观生活，给自己所做的事情赋予意义，那么他们会变得十分有耐力并且充满执行力**，因为人们在做自己热爱的事情时，不容易受到过度刺激的影响。作为一名高敏感的妈妈，你将在这本书中学会如何安排自己的生活，学会如何将过度刺激视为一种有益的工具，避免自己陷入无助和无力的状态。

- 为什么你会受到过度刺激？ -

高敏感者受到过度刺激的原因千差万别。例如，有些人会因为对文字语句过于敏感而受伤；有些人表面上比较坚强，却无法忍受突如其来的噪声、剧烈的声响或电脑发出的嗡嗡声。有些人受不了电话铃声，而另一些人则完全不受其影响，但会因为看到电视新闻中可怕的画面而倍感不安。总之，几乎任何事物都可能成为过度刺激的源头。

例如，刺耳的闹钟铃声可能让你的神经受到过度刺激，由于害怕这种噪声刺激，你会在闹钟铃响之前几个小时就自然醒来。多年后，你才意识到这种刺激会导致心率的持续加快。因为你早已习以为常，所以在很长一段时间内，你甚至都没有想到它可能与心跳加速的反应有关。然而，并非每个高敏感者都会有如此强烈的反应。一些不寻常的事情对你来说可能司空见惯，以至于你根本不会对此进行过多思考。

请你意识到一点：你的每一个想法、行为，以及你如何安排自己的一天，甚至你选择去购物的地点，都会影响你的神经系统。我们的神经系统会对各种刺激做出反应，而每一种刺激又会反过来造成一种神经冲动，从而对神经系统产生影响。神经系统的神经纤维与我们身体的所有器官相连，因此这些神经冲动会直接影响我们的身体，引发身体的一系列反应。虽然每个人都会有这样的经历，但对高敏感者来说，这种感受更加明显。

- 你可以主动改变自己的消极反应 -

我有一位客户叫玛丽斯，每当进入博物馆、体育馆或礼堂这些大而空旷的地方时，她总会感到不适。三十年来，她一进入这样的环境就会感到头晕目眩、备受折磨。因此，玛丽斯尽量避免参加展览或讲座类的活动，尽管如此，她的情况仍然没有好转。在与她的交流中，我发现她第一次遇到这种情况还是在她上小学时，那时她在体育馆上课时突然晕倒了，老师和同学们对此束手无策，甚至有人嘲笑她，这让她感到尴尬又不知所措。从那时起，她在体育馆上课时就经常感到不适，后来甚至在街上、公交车上、超市里或节日活动的庆典上也会出现这种情况。玛丽斯意识到，童年经历的第一次情绪崩溃，使她高度敏感的身体产生了某种应激反应。简单来说，过程是这样的：

– **事件**：在体育馆经历了不愉快的体育课，这个大而空旷的地方让我感到非常没有安全感。

– **儿童时期的结论**：我在大而空旷的地方会有强烈的不安全感，这类地方让我的身体和心理都不能处在舒服的状态之下。

– **做出的决定**：在以后的生活中，我将避免进入类似的空间或场所；如果不得不待在这里，我的身体会产生不舒服的反应，这将促使我必须迅速离开，进行调整。

成年后，这些零散的思考仍然在很大程度上影响着玛丽斯的潜意识，以至于她可能无端地感到身体不适。慢慢地，她才意识到这些事物之间的联系。如今，玛丽斯是一位成功的企业家，她会经常举办讲座和研讨会，也会参加展览和论坛。同时，她还是两个孩子的母亲。尽管她仍然不喜欢参加体育活动或大型集会，但如果必须参加的话，她也不会再感到身体不适了。

在上述例子中，体育馆这个场所对童年时期玛丽斯的神经系统产生了刺激作用，引发了她身体的极端反应。只有主动且有意识地了解这一反应的来龙去脉，她才有可能理解由于高敏感而导致不适的整个过程。

通过日常生活中的观察和体验，她陆续成功激发出新的反应，这些反应反过来又对她的神经系统产生新的积极影响。如今，她能够自然从容地在众人面前发言，无需畏惧那些让她没有安全感的空间或场所。这是因为在她成年后，在专业人员的支持下，她敢于将自己暴露在这样的环境之下，从而使自己的身体反应机制逐渐习得新的积极反应。起初，她在面对刺激时仍然感到不舒服，这的确是不容忽视的，因为她表现出来的身体状态实在太糟糕了。

直面刺激需要勇气和毅力，然而随着时间的推移，她的应激症状会逐渐减轻，直到最后完全消失。

当然，克服的过程不可能一蹴而就。但是，通过这个例子，我们会看到：**你所感知到的一切都会影响神经系统，而你也可以为自己创造新的、更积极的反应。**

- 刺激背后是你的经历记忆 -

作为一个高敏感妈妈，你会受到许多内部和外部刺激的影响，但是有时你可能低估了这些刺激的影响力。

如果孩子的哭闹声经常让你感到焦虑，这可能是因为你曾经也受到过这种刺激的影响。你还记得小时候当你哭闹时，身边照顾你的人是如何反应的吗？你小时候是经常大声哭闹、喧哗不停，还是相对安静、不引人注意？几十年前，年轻父母在当时育儿观念的鼓励下，让孩子尽情地大声哭泣而不做出任何干预，因为人们误以为这可以锻炼婴儿的肺功能。因此，这其中有很多婴儿留下了心理阴影，逐渐成长为高敏感人群，在成为父母后，每当他们的孩子哭泣时，他们就会想起自己小时候哭泣但无人安抚的可怕经历。

有些刺激会在发出之时让人即刻感到难受，比如清早打破你睡梦的闹钟铃声；有些刺激会唤起你的记忆，而这些记忆通常对曾经的你产生过或多或少的影响。将这两种刺激明确区分开来有时并不容易。比如，在闷热的夏天，破旧的老风扇吱呀吱呀地转动着，嘈杂吵闹的老式收音机让你感到焦虑，那你焦虑的源头到底是因为你本身对噪声敏感，还是因为此刻过大的音量让你想起年少时总是非常吵闹的老房子呢？你总是不那么轻松自在，是因为你的感知更容易受到外界评价的影响，还是因为你想起了那些为得到认可而付出极大努力的时刻呢？这些问题的答案通常在咨询或治疗过程中才能被揭晓。通过本书，你只要了解到不同性质的刺激和反应是客观存在的，就足够了。

- 应对过度刺激的方法 -

以闹钟让你受到过度刺激为例，其解决办法其实十分简单：你可以去商店里，购买带有闹钟功能的日出模拟灯。这样的话，你就可以减少闹钟对自己的过度刺激，因为这种灯有一种特殊功能，它可以模拟日出过程中的光线，让人足不出户就可以感受到日出的光亮。事实证明，光线强度会对人体产生影响，通过调节灯光亮度可以把握人的起床节奏。如果你是高敏感者，你就可以尝试使用这种灯来设定起床时间，在设定的起床时间的半小时前，灯会发出柔和的光并模拟日光。这样，身体就自动做好了苏醒过来的准备，而不会感到突然的不安和刺激感。

到了设定的唤醒时间，你可以选择用鸟鸣声或其他大自然中的声音来唤醒自己，这些声音一开始非常轻柔，然后音量会逐渐加大。尽管这种日出模拟灯的价格有些昂贵，但拥有了它，你就很有可能在起床前避免受到过度刺激。对于高敏感者的日常生活来说，这是非常有意义的。

尽管我们可以在很大程度上避免上述这种刺激，但除此之外，还有很多其他情况也同样会让高敏感者感到难以承受。当你感受到过度刺激时，我建议你仔细寻找其来源，并将它们记录下来，根据上面提到的两种标准，即哪些过度刺激是即刻的，哪些是因为你之前的记忆，试着将这些刺激进行区分，这可能对你很有帮助。除此之外，我也将以下方法列出，以期对你应对这些过度刺激有所帮助：

– 认真、坦诚地观察所有让你感到困扰的事物。

– 将所有让你感到不舒服的刺激或冲动列成清单。

– 思考清单中有哪些刺激可以相对较快地消除。

– 仔细观察你对过度刺激的身体和心理反应。

– 在1~10的范围内，评定自己对刺激的反应程度。"1"代表从未有过剧烈反应，"10"代表经常产生强烈的身心反应。

– 思考需要采取哪些措施，才能使你的反应程度评分再降一级，也就是想一想，如何进一步减少过度刺激的影响？

6.

高敏感人群的分享欲

- 其实很少有人能理解你的高敏感 -

当高敏感人群思考有关高敏感的话题时，他们有时会感觉脑海中仿佛有一个宽敞的镜厅。这个镜厅的四面八方都装满了吊灯，当接收到令人敏感的信号时，这些吊灯会突然全部变亮，清晰地映照出他们过往的相关经历。另一方面，他们也可能因为所有新的发现和知识而感到激动。几乎所有我认识的高敏感者，在第一次阅读别人对他们感受的描述时，都会有这种体验。

他们会对别人的认可感到宽慰，又感到终于找到了归属感，并希望有机会能与他人分享这些经验。尽管产生这种分享的欲望是很正常的，但高敏感者仍然要对分享本身持谨慎的态度，因为并非每个人都能深切体会到高敏感者的感受。

有些普通敏感的人很难理解，为什么高敏感的人会不由自主地产生如此强烈的反应。同样，高敏感的人也不能理解普通敏感的人所体验到的世界。无法理解彼此并不代表相互之间怀有恶意，这只是很正常的人类天性，因为我们一般只能理解和感受自己的经历，对于他人无法真正地感同身受。尽管我们想努力去了解别人的世界，但如果没有相似甚至相同的经历，我们就无法深切体会。因此在这个阶段，你应该放弃让别人进入到你的世界里来的想法。

高敏感的人可以轻松恰当地理解别人的想法，并把这种移情能力视作理所当然，认为所有人都具备这种能力，但他们从未意识到，其实移情能力的培养与获得并不简单，也并不寻常。

实际上，意识到这一点本身就需要一个学习的过程。德国心理学家鲁特·科恩（Ruth Cohn）说："沟通是人与人之间唯一的桥梁。"

能够意识到人与人之间是相互分离、相互独立的，是一个人成长过程中必须面对的事情。人们往往在三十岁以后才会逐渐接受自己终将与父母分离这一事实，而幼时的我们总认为自己会和父母永远在一起。现实中的经历让我们明白，**实际上，我们只有偶尔才能真正体验到人与人之间的亲密关系和情感连结**。经历分离，对亲密的需求不能被满足或遭到拒绝时，我们与生俱来的那种对情感连结的期望就会受到伤害。

德国神经生物学家杰拉尔德·胡特（Gerald Hüther）认为，与他人保持情感连结和体验亲密是人类的基本需求之一。意识到这一点，就能理解我们为什么会喜欢经常交流或向别人倾诉。尽管我们发现自己很难真正被别人理解，但我们也不用扼制自己表达个人情感。

- 谨慎对待你的分享欲 -

关键在于，你意识到自己是高敏感的人，基于这种认知，你能够对自己的反应和行为进行解释。如果情境适宜，并且你与对话伙伴之间建立了互相尊重的友好关系，那么提出高敏感这个话题并加以讨论当然是有益无害的。但有一点仍需要注意，那就是避免过度谈论这个主题，或者大肆宣扬这种性格特点，这对高敏感人群没有任何好处。首先是因为当今社会普遍不太重视敏感的性格特质，其次也是为了避免在交谈中因措辞不当或表现得过于兴奋而导致交流对象对这个话题产生抵触心理，这又会给高敏感者带来新的压力和刺激。

因此，高敏感者在与人交流时要仔细思考，是否有必要让全世界都知道自己拥有高度敏感的性格特点，以及自己真正喜欢的倾诉对象是谁。有时只需要暗示一下，高敏感的人就能够发现对方对这一话题是否感兴趣。如果对方确实感兴趣，高敏感者就可以引导他们了解更多关于这方面的情况。在某些情况下，你也可能会惊喜地发现，身边有一些人也觉得自己是高敏感者，那么你们之间就有了共同的话题。随着对这个主题的探究越来越多，你的观察力也会逐渐提高，从而更快地分辨出哪些人是高度敏感的，哪些人不是。

7.

高敏感妈妈这样看待世界

- 当现实与想法混淆 -

作为一个高度敏感的妈妈，在育儿过程中有一件事我至今记忆犹新：有一次，我带着九个月大的儿子参加一个儿童爬行俱乐部——实际上我并不喜欢这类活动，因为我感到自己和周围的环境格格不入，也不知道该和其他妈妈聊些什么话题，这让我感到非常拘束，身心都陷入那种不自在的旋涡之中。但我认为这类活动确实有助于孩子的成长，并且作为妈妈我想把一切做到尽善尽美，所以我还是决定去参加这项活动。然而在这次活动中，发生了一件令我无比尴尬的事情：我儿子的纸尿裤漏尿了。这不仅让他散发出了难闻的气味，也让他的连体裤染上了一片很大的污渍。如果我不是高敏感的人，我可能会立刻抱起儿子去卫生间解决问题，然后重新加入与其他妈妈的交流之中。但由于我是高敏感的人，我宁愿假装什么都没有注意到——我紧张地嗅着空气，担心别人是否也闻到了这股气味。

我的大脑飞速运转，思考着一连串的问题：自己是否带了新的纸尿裤？是否有新的连体裤可以给他换上？我在哪里可以完成这一切？怎么才能做到神不知鬼不觉？我清晰地记得我当时被这些想法困扰着，直到另一位妈妈发现了不对劲，我才装作自己也是刚刚注意到孩子的状况。

当然，与我相比，有些高敏感的妈妈在照顾孩子方面可能更有信心和经验。但上述例子清楚地说明了一个高敏感的妈妈是如何感知周围的环境和事件的。

这其中包含高敏感者的感受方式，以及他们将对事物的感知和解释混淆的整个过程。他们会臆想别人正在对自己的行为进行评判和谴责，而实际上这只是他们自己的推断。在上述意外事件发生之时，我也曾思考过，其他母亲会对我有什么看法。那时我的脑子里浮现出了各种各样的想法，并自然而然地把这些想法都当作现实。这就像当我们听到某人在大声说话时，即使对他说话的内容没有了解，我们也可能会肯定地认为对方对自己怀有敌意。

当然，不是每个缺乏安全感的人都是高敏感者。**高敏感者的特殊之处在于，他们会在很多个瞬间迸发出想法，并把这些想法当做现实。**而实际上，这些想法与真实情况只有很小的关系甚至根本没有任何关系。高敏感者的感知确实十分丰富，且能够感知到很多细微或不易察觉的事情，但他们感知到的内容以及由此产生的想法和感受，却不一定是客观或正确的。

- 当感知与事实混淆 -

许多高敏感者经常认为，自己感知到的事物是真实存在的，也就是把自己感知的内容当作客观事实。然而，人类的感知其实是内在和外在因素共同作用的结果。外在因素是可以观察到的事物或现象，比如紧皱的眉头、紧抿的嘴巴、友好的微笑或是某种手势，等等。这些都是人们可直接观察到的、用感官体验到的表象。仅凭这些表象，我们又能确定哪些事实呢？

在感官体验层面，你可能会看到有人皱眉，听到响亮的声音，或感觉到被人触摸，又或是闻到某种气味。对你来说，这些体验有的很重要，有的就不那么值得关注。问题在于，你并没有用理性或意识来判断这些感官体验是否重要，在更深的精神层面上，你对外界的体验和感受其实是与个人情感挂钩的，而你的情感体验又与个人经历直接相关。

如今我意识到，在那个婴儿爬行俱乐部中，一些妈妈的姿态和表情其实很像我自己的妈妈。与她们接触时，我就像踏上时光机一样回溯到我的童年。儿时的我，经常感到不安和无助，而成年后的我，把这种情绪带入到当下这个婴儿爬行俱乐部的场景之中。在其他妈妈的言语动作中，我察觉到一些对我来说非常重要的刺激，让我想起了不那么愉快的童年经历，因此产生了当时那种应激状态下的反应。如果那时候我是独自一人，没有受到这种刺激的影响，我无疑也能做出恰当的反应。

如果过去有一个很重要的人经常对你皱眉，并且你清楚地知道这是他／她在表达对你的批评，那么你可能会在头脑中建立一个类似的公式：皱眉＝批评＝他／她对我有意见。除此以外，如果还会有其他的信号接连出现，比如抿嘴、摇头和转身离开，那么这个公式就会被逐渐强化，你会毫不犹豫地认为对方一定对你有意见。但你忘了，皱眉这个动作的表达意义并不单一，当然可能是在表达批评，但也可能只是单纯表示惊讶、困惑。

对于高敏感者来说，意识到这些反应机制非常重要。你如果能学会将自己对事物的感知和解释分开，就能避免很多错误的推断。当你对某件事情有了明确感知时，你应该主动意识到你的感知并不总是客观和正确的，而是一种经过心理作用和反应机制过滤的结果。

- 对事件的感知让你陷入纠结 -

你一定遇到过这种情况：操场上，你儿子与另一个孩子发生了激烈的冲突，两个人在奋力争夺一把小铲子，他们大声争吵到了面红耳赤的地步。如果你也经历过这种场景，那你完全可以想象得到。这时，你不知道矛盾是如何产生的，也不知道到底是谁先动手抢走了铲子。你只是看到两个孩子在激烈争夺、大声争吵。这就是你能够观察到的所有现场情况。那么，你会如何处理这种情况？

根据你对儿子性格的了解，你可能会采取不同的处理方式。如果你觉得你的儿子比较强势且容易冲动，你可能会走过去告诉他把铲子还给另一个孩子；如果你觉得他比较胆小从而容易被欺负，你可能会参与协商轮流使用铲子的条件。但是，无论你采用哪种，你当下所看到的事实是完全相同的。

让我们再来想象一下，一个典型的高敏感者是如何处理这种情况的。

你看到自己的孩子和另一个孩子争夺铲子，你会有什么感受？你的第一反应可能是惊恐，然后你会想："哦，不，果然又发生了！"或者更有可能的一种想法是："他一定是又累又饿。他该午睡了。"还有类似于："现在我真的受够了！他总是这样，真是无可救药。"或者："我再也受不了了，我太累了，这个孩子让我抓狂。我不知道该怎么办了。"

与此同时，你的感知器官也会捕捉到其他母亲的目光，这又引发了你更多的思考："她们肯定在等着看我做些什么。但怎么做才是正确的呢？如果我是那位经验丰富的妈妈，我会怎么做呢？她总是知道应该怎么正确处理这种事情，难怪她的孩子表现得那么乖巧，因为她能给别人带来充分的安全感。现在肯定每个人都在想我是个多么糟糕的妈妈。"

如果你具备良好的移情能力，你甚至可能还会想象到两个争吵中的孩子的心理状态。例如，你可能会想："我的孩子现在一定非常绝望。也许他之所以这么爱发脾气，总是和别人抢东西，都是因为我断奶断得太早了。我该怎么补救呢？"对于另一个孩子，你可能会想："他是因为觉得不公平而发脾气吗？我能理解他。但我应该怎么做呢？我也不知道。"

如果我们将高敏感者的情绪变化和思维过程慢速回放，就会得到类似于上文所述的心理过程。当然，实际情况要复杂得多，并且因为每个人敏感程度或心理状态的不同而存在个体差异。可以说，高敏感者对外界状况的感知能力有利有弊。

现在我们可以理解，为什么高敏感的人有时看起来反应迟钝或者似乎需要一些时间来整理思绪或采取行动了。这种心理状态就像你站在一个岔路口，面前有十条道路通往不同的目的地。如果每条道路看起来都同样重要，你就很难做出选择，因此会陷入犹豫不决的状态。

- 高敏感背后的不安全感 -

一个人的经历对个体产生的影响在神经生物学上得到了证明和解释。脑科学研究人员发现，我们的每一次经历都会在大脑中留下印记。在这些纷繁复杂的经历中，那些有相似之处的经历会留下一条像高速公路一样宽阔的"通道"。如果有迹象表明类似的经历将会再次发生，我们大脑中的心理"汽车"就会以不可阻挡的速度，飞快驶入这条宽广的"通道"。接着，我们很快就会产生这样的感觉："我就知道会发生这种情况"，或者怀疑"同样的事情怎么总是发生在我身上"。

以前，研究人员认为人的经验会像烙印一样永远留在大脑中，因此早期童年的经历所产生的影响是不可逆转的。但最新的发现表明，**大脑是可塑的，人们可以通过终身学习的方式不断塑造自己的大脑。我们也可以"忘记"那些影响我们的经历，并通过创造新的联系在脑海中塑造积极的经验。**这是一个令人振奋的、具有突破性的发现！我们并不是一生都无法摆脱基因或环境的影响，在某种程度上我们也可以按自己的意愿和方式决定自己的人生。

从根本上讲，人的感知可以分为三个层次：第一层是对事

件的观察和感知，第二层是对自我的观察和感知，第三层是对**环境的观察和感知。**

根据我对高敏感者的观察，他们对于环境即外部事物的感知尤其强烈。而外部事物会对他们的内心产生直接的影响，成为引发他们心中某些感受（比如不安全感）的导火索。

不安全感的起源究竟是什么，是一个很值得探究的话题。如果一个孩子特别善于观察，能感知到那些被多数人忽视的事情，却因为身边人的反馈而感到羞愧，认为这种"特质"应当被改变或消除，那么这个孩子就不再相信自己的感知能力。这会造成一种两难局面：一方面，这个孩子实际上不能改变自己以及感知方式，另一方面，他／她又会竭尽全力去满足重要的人对自己的（未言明的）期望，而后者往往会导致这个孩子付出高昂的心理代价。

从表面上看，这个孩子可能只是性格变得更加腼腆羞怯，但通过观察孩子的内心，我们就会发现，他／她已经失去了对自己感知能力的信任以及好不容易建立起来的安全感，变得不再信任自己的需求和感受。因为在这个过程中，孩子往往会丢弃那些正确的自我认知观念，开始怀疑自己的能力。

可以说，高敏感者缺乏安全感的根本原因在于：他们无法按照别人的期望改变自己的感知方式。

我们还观察到一个有趣的现象：许多成年后的高敏感者坚

信他们的感知方式是正确的。在我看来，这就是罗尔夫·塞林（Rolf Sellin）所说的"补偿性固执"，可以理解为是高敏感者为了对抗不安全感而在理性层面做出的努力。但是，这种信念往往只是为了在头脑中形成一种安全感的假象，并不能真正解决现实生活中遇到的某些问题。

许多高敏感者一贯以来的坚持表明，对他们来说，用理性使自己相信假象远比自我怀疑要更容易接受。让高敏感者直面自己强烈的不安全感，在他们看来是具有一定威胁性的事情，并且存在一定的困难，因为只有当身边存在让自己感到可靠和安全的人或事物时，他们才能勇于直面这种不安全感。也正是由于这个原因，许多高敏感者的内心都缺乏基本的安全感。因为安全感是人类生存与发展最基本的需求之一，所以我们的灵魂和大脑会在运作过程中想方设法地给我们的身体功能发出信号，让我们能够确认它是安全的，从而获得自己的安全感。

大多数情况下，高敏感者更容易信任他人而不信任自己，其中一个原因在于，从他人那里，他们能够获得更多美好的感觉。如果你也有类似的想法，那么就需要回溯自己的生命经历，从而寻找自己安全感或不安全感的来源。在回想生活经历的过程中，即使只有一次让自己内心感到安全的经历，也足以证明你的神经系统和心理功能明白什么是安全感。无论是身体还是心灵上的经历和记忆，都有被唤醒和修复的可能。

也许生活的苦难使得回忆这些早期的经历变得困难，但我还是想鼓励你坚持下去，像一个带着好奇心的寻宝者一样，寻找你生命中安全感的来源，探索你内心深处的丛林。

- 突破育儿中的思维定式 -

缺乏安全感的高敏感妈妈往往有一种特殊能力，就是她们总能理解自己高敏感的孩子，她们能够对孩子们的情绪感同身受，但这种移情能力并不总能转化为恰当的行为。有时候，**妈妈希望保护自己的高敏感孩子，不想让孩子再次经历自己经历过的糟糕事件，这可能会导致她们采取过度严厉的管教方式，或总是试图有意识地改变孩子的敏感特质。**

倘若这种情况发生，你可以时不时地坐下来稍微放松一下，先做几个深呼吸，然后有意识地让自己以一个旁观者的视角来看待发生的事情。如果你站在观察者的角度，你会发现，一旦与事件本身拉开了一段"距离"，你就有可能用不同的方式观察发生的事件，用不同的角度看待你的孩子、你自己以及你的行为。也许你在观察过程中会产生一些新的想法，能够帮助你更好地应对这种情况。许多高敏感者拥有丰富的想象力和创造力，这种天赋可以变为有用的工具，帮助他们更好地解决问题。

我们通常会有很多不同的方式来感知和对待事物，如果你通常以某种特定的方式对孩子的行为做出反应，这意味着你的大脑已经形成了一条被多次使用的"高速公路"，类似于人类认知系统中的"思维定式"。因此，我鼓励你尽力探索更多的可能性，并在灌木丛中开辟出属于自己的小径，在你多次通过这些"羊肠小道"之后，这条小路也许会变得越来越宽阔。重要的是，我们要明白，自己的感知总是源于天性和经验。经历同样的事情后，不同性格的人会产生完全不同的感知结果。尽管许多高敏感的成年人坚信他们所感知到的才是正确的，**但实际上，世界上并不存在所谓客观的感知，任何感知都是客观世界下人类主观能动性的产物。**

我儿子两岁的时候有个怪癖，他会咬小女孩的脸蛋。这个怪癖第一次被我们发现的时候，我们正在我丈夫的老板家做客。我的儿子突然在玩耍过程中使劲咬了一口老板小女儿的脸颊。虽然我当时完全无法理解他的行为，为此感到很尴尬和不安，但我并没有把这件事放在心里很重要的位置，只是理所当然地认为这是一次"虽然不愉快，但以后都不会发生"的偶然事件。但实际情况却并非如我所愿。有一次我带着他在游乐场玩耍，他又习惯性地咬了另一个小女孩。之后我发现，每次有小女孩出现在他的身边，他都会咬她们。一段时间后我意识到，但凡有小女孩和我儿子同时出现，我就必须带他赶紧离开游乐场这个"是非之地"。渐渐地，当我每次听到小孩的哭泣声时，我都认为这一定是我儿子造成的，由此可见，我对他的态度显然受到了先前的经历以及羞耻感的影响。

- 没有无缘无故的情绪 -

无论是抢铲子还是咬脸蛋，这些情况都可能引发你内心的情感波动，让你感到无助、失望或愤怒。每当面临这样的情感波动时，你都要确信，此时你所经历的故事正在敲响你的心门，并试图唤起你的回忆。我们体会到的每种情感，都源于一定的经历或个体生活背景。我们不会无缘无故地感到生气、失望或无助，只有在我们内心曾经有过相关参照物的出现时，我们才会敏感地体验到这些繁杂的情绪。为了更加充分地了解我们自己，尤其是更加深入地了解高敏感的感知方式，我们有必要回溯一下这些情绪背后的故事。

也许你是在一个非常重视外在形象的家庭中长大的，也许你试图按照自己的本性生活并尝试建立起自己的社交圈，但你的这些行为不仅没有得到家人的认可与支持，甚至你还因此受到了惩罚。于是你最终会陷入两难境地：当这样的矛盾出现时，到底是要满足父母的期望，还是要顺从自己内心的需求？之后每当你的行为可能会引人注目或不合时宜时，你就会再度想起童年的这段经历，并因此感到羞愧和无助。可是众所周知，无助并不是一种令人愉快的状态，相反，因为我们的大脑更加倾向于创造一个良好或愉快的心理状态，所以当出现这种无助感时，我们的潜意识会确保我们的情绪可以被自己忍受，并尽可能地使我们感到愉快。为了避免这种不愉快的心理状态，你就会变得暴躁愤怒，因为愤怒是一种强烈且活跃的情绪，比无助感更容易让我们承受。因此，当你再次处于愤怒的状态时，不妨思考一下，你的愤怒背后是否只是无助。

根据我的观察，高敏感妈妈经常感到无助，甚至面对自己的敏感特质也是如此。当一个人对如此之多的事物都有敏感的感知，并因此产生了许多相互矛盾的情感时，要将这些情感清晰地区分开来并非易事。

8.

高敏感妈妈的敏锐直觉

- 与生俱来的直觉天赋 -

那么，我们应该如何解释直觉的存在呢？据说高敏感者能够凭借其敏锐的"触角"直观地感知到他人的情绪状态。有些人甚至认为他们具有预知事件发生的特异能力。普遍观点认为，直觉是一种隐藏在意识层面之下的预感，无法用理性来解释。有些人凭直觉就能判断出某个人对他们怀有善意或恶意，还有一些人可以像前文提及的那样迅速掌握一个人的整体情况，包括身体状况、心理状态、物质水平等方面，即便他对这个人所知甚少。

在我的研讨会上，我设置了一个暖场游戏：两人一组，通过直觉来感知对方，然后在纸条上回答一些有关对方个人信息的问题。这个游戏必须在研讨会刚开始时进行，因为那时参会者对彼此几乎一无所知。游戏的结果令人惊讶：大多数参会者认为这个游戏很有难度、很有挑战性。但过了一会儿，他们通常都能轻松地回答相应的问题。游戏是在参会者们不说话的情况下进行的。在随后的交流中，我们发现很多人的直觉判断都很准确，他们的判断与对方的实际情况有很多相似之处。参会者往往对这一结果感到惊讶，他们认为这样的结果证实了直觉对于人际交往、彼此认知的强大作用。当然，这个游戏中也会不时出现一些现状与直觉不一致的情况。

为什么直觉有时起作用，有时却又不起作用呢？有些人认为直觉是一种基于经验形成的无意识的感知，使我们能够更好地对他人进行分类。另一些人则认为直觉是一种与生俱来的能力。如果要深入研究有意识的感知和无意识的直觉之间的关系，可能需要另写一本书了。通常，恰恰是高敏感的人具备相对准确的直觉感知能力，这种直觉可以通过多或少的训练得以巩固、运用。

在我的研讨会上，那些在感知上出现错误的参与者后来几乎都发现，他们在游戏过程中，在有意识感知的同时掺入了对感知的创造性解释，从而导致了对彼此的误解。这些经验告诉我们，将有意识的感知、直觉和对感知的解释区分开是多么重要。因为只有这样，我们才能真正发挥与生俱来的天赋。

并非所有的高敏感者都具备直觉天赋，但其中很多人的直觉确实十分准确，因为高敏感者所独有的强大感知力非常有利于发展出同样强大的直觉。西方文化历来非常重视理性的重要性，所有事情必须靠逻辑和理性来证明自己的价值。如果只凭"直觉"做决策，那么最后得到的结果根本不会被重视，甚至可能会遭受嘲笑。在个人生活中，直觉的结论或许会有一席之地，现在已经有一些关于如何凭借良好的直觉取得成功的书籍，即便如此，在政治和经济领域，直觉本身也是没有什么价值的。如今我们已经忘记了，其实人类可以相信自己的直觉。

高敏感者的大脑和外部环境之间几乎没有任何过滤器，他们接收到的外部信息能更直观地刺激他们的大脑，因此他们也更有可能强化自己的直觉。然而，如同我们对待有意识的感知一样，对待直觉的作用时，我们仍要持保守的怀疑态度。即使非常确信你感受到的东西是真实且正确的，你仍然有可能因为自己的背景和经历的影响而做出错误的解释和判断。

- 在育儿中发挥你的直觉优势 -

高敏感的妈妈可以利用她们的直觉来感知孩子的内在本质和内心需求。你只需密切注意孩子身上的一些小细节，就可以从细微之处发现孩子的某些性格特征。同时你也要敞开心扉，接受孩子或许刚刚萌芽的直觉感应。如果你的孩子同样是高敏感的人，那么很有可能在你自己还未意识到之前，他／她就率先准确地感知到了你的情绪和感受。

我们要学会区分自己对事物的直觉、感知和解释，并花时间整理自己的思绪。在生活中给自己更多运用直觉的空间，无论是通过冥想还是其他兴趣爱好，比如接触像瓦西里·康定斯基（Wassily Kandinsky）这样的感性艺术家的作品，或是尝试与动物相处等其他任何令你感到放松和愉悦的方式。直觉是一种有用的特质，如果得到合理利用，它能帮助你在与孩子、与自己相处的过程中找到正确的方向。**作为妈妈，如果你能够从自己的经历和感受出发，在养育孩子的过程中遵循自己的内心，跟随自己的直觉，那将是一件幸福的事情。**

遵循直觉来养育孩子意味着你要明白，即使面对看似相同的情况，你也可以选择用不同的方式来处理。即使有时你的行为可能不被他人认可，甚至违背了所有育儿书籍的建议，但你仍要学会信任自己的直觉，相信只有你了解孩子当前真正的需要。

- 观察自己的行为 -

对于高敏感的妈妈来说，将自己在育儿过程中的观察结果记录在笔记本上可能会很有帮助。你需要尽可能详细地记录自己的感知。这样做的好处是：在落笔之前你就必须厘清自己的想法。此外，记录的过程还可以给你带来片刻的宁静，这也是你作为一个高敏感者非常需要的。给自己买一本漂亮的笔记本吧，你可以在里面畅所欲言，不必担心说错话。

不必害怕把自己在育儿中的错误记录下来，因为"记录"本身不意味着你仅有观察情况的权力而无权对事件进行解释。否则，你会失去自发性和自驱力，并且会感到非常疲惫。相反，你需要时不时地回想上面所描述的过程，并尝试对生活中的某些时刻进行分析。毕竟，这种方法是为了让你掌握真正有效的工具，而不是为了平白无故地限制你的自由。

我之所以提供这些建议，是为了让你能够按照自己的价值观和信念感来采取行动。由于高敏感者的内心世界十分复杂，人们很难确定他们内心真正重视的东西究竟是什么。正因为高敏感者能够很好地与他人感同身受，所以他们经常会自然而然地接受他人的价值观。那么如何判断你是在遵循自己的价值观还是无意识地接受了他人的价值观呢？答案很简单：当你与自己内心的声音背道而驰时，总会感觉自己的道路有些"跑偏"。

你会感到不太舒服或者有些别扭，感觉自己不属于这个环境氛围，甚至有可能觉得有必要为自己的行为进行辩解。每当你有这种感觉时，你就已经与对你来说十分重要的那部分价值观产生背离了。

观察自己的行为可以帮助我们解决几个问题：第一，深入了解自己的价值观；第二，认清自己作为一个整体是如何运作的；第三，了解自己内心深处的需求及期望。因此，在下一节中，我们将详细探讨这个问题。为了帮助我们观察并区分自己的思想、感觉和其他反应，下面有几个问题需要回答：

- 你是否经历过上文中所描述的情况？

- 在这种情况下，你内心的活动是怎样的？

- 通过你的感官，你能够真正感知到什么？

- 什么是你基于你自己的经验进行的解释？

- 你曾经经历过让自己有安全感的情境吗？此情境下的哪些因素起了作用？

- 什么因素会引发你的不安全感？

- 你认为自己具备直觉能力吗？

- 如果你可以完全遵从自己的直觉行事，那么在对待孩子或其他人时，你会采取什么不同的做法？

- 你如何增强自己的直觉能力？

9.

发掘自己的深层价值观

- 深度剖析自己 -

当我成为妈妈时，我甚至还未了解真正的自己。如果那时有人问我生命中最重要的事情是什么，我可能无法做出回答。如今回想起那段时间，我感觉当时的自己似乎在机械地向前走着，没有明确的前进方向，也不能为自己的生活负责。

记得在二十岁时，我并没有任何生养孩子的打算。我当时天真地以为，如果我有了自己的孩子，我肯定能给他们一个非常幸福美好的生活。于是我就产生了培养别人孩子的想法。是的，我那时的理想是成为一名教师。但幸好，这个想法最终没能实现。因为现在的我意识到，从多方面、多角度综合考量，包括考虑到我高度敏感的性格、过去的经历以及内心的价值观，我并不适合在机构中承担教育工作。

此外，那时的我在身体和心理两个层面上都极其脆弱——我对于孩子们的无理取闹和毫不妥协无计可施。在过去的 25 年间，我多次经历严重的生活危机，也曾出现身心俱疲甚至心理崩溃的状况。我接受过身体治疗、心理咨询，也经历过离婚、再婚和两次分娩。这些经历让我明白了一件事：如果我们真的想要了解自己，就不能回避当下所处的心理困境，必须打开自己，深度剖析自我。

每个人的性格构成都非常复杂，对高敏感者来说更是如此。他们有时甚至会感觉自己每天都与前一天的自己略有不同。如果我问你具备哪些性格特点，我相信你可以轻松列举出至少五种特点，这些通常是别人能察觉到的、你自己也心知肚明的明显特质，并且在与他人日常交流的过程中，你肯定获得过与这些性格有关的反馈。此外，仔细观察后你会发现：你的身上还有一些是只有自己知道但不愿意在别人面前表现出来的特质，比如斤斤计较或自以为是。然而，还有一些是别人注意到、你自己却没意识到的特点，比如，你的邻居可能认为你非常保守孤僻，而你却觉得自己是个性格外向、善于社交的人，只是不喜欢和别人闲聊而已。所以，高敏感者尤其需要深入了解自己。

在这个过程中，我们一开始可能会遇到一些令人并不愉快的事情，甚至难以直面自己那些不受欢迎的性格特点，但这些特点也确实是组成我们个性的一部分，与我们其他"好的"、明显的特点一样重要。

在这里我们可以举一个自然界的例子。想象一下，假如你的性格世界是一片小溪、河流、湖泊和其他水体纵横交织的地带。在这里，有些河流水流湍急、宽阔显眼，而另一些溪流则要么隐藏在芦苇丛中，要么埋藏在深深的岸坡之间。同时，还有一些肉眼无法看见的地下水流，共同塑造着整个景观，为地表的植物提供水分的滋养。

我们的性格也是如此：性格中明显的特质就是那些大而宽的河流，而其他不太明显的特质则像溪流或地下水流一样隐蔽，但这些特质虽然隐蔽，却也发挥着重要且不可替代的作用。如果没有这些隐藏的特质，我们的内心也将变得不再完整，就像这片风景也会黯然失色一样。

要了解自己表层行为背后的深层原因，我们必然需要探索内心深处的"地下景观"。我认识的许多高敏感者都试图刻意忽视这片地带中的"地下水流"（即他们的高敏感特质），不愿意直面这些涓涓细流所形成的性格中的"沼泽地带"。每个园艺师都知道在种植一类植物之前了解土壤条件是多么重要，人们不可能在海拔 3000 米的地方种植百合，也不可能在湿冷的气候中种植迷迭香。但是，许多高敏感者似乎恰恰有这种不切实际的想法，他们中有的人会说："我不想再被迫感受到那么多东西了。"还有人会问："有没有一种办法可以摆脱刺激带来的长期影响？"尽管有这些愿望很容易被人理解，但是这种想法的实现难度不亚于将自己变成另外一个毫不相干的人。

尽管如此，这并不意味着你只能被迫满足于荒芜的现状，你仍然可以慢慢地进行小幅度调整，就像使用自然材料进行修葺和完善一样，使你的内外景观世界都绽放出美丽的花朵。因此，你可以首先试着尽可能不带偏见地观察自己的灵魂，然后像一个优秀园艺师一样，将那些你认为值得改变的地方进行重新塑造。这时候，绘制一幅真实的"景观图"会对你很有帮助。如果你喜欢丰富的色彩，你可以画一幅有关你个人的高敏感者风景画，或者当你和孩子去散步时，你可以在大自然中收集石头、草和树叶，然后用它们做成一幅拼贴画。通过这种方式，你可以有意识地处理和接纳你的敏感天赋，并学会正视自己内在的灵魂景观。

- 了解自己的价值观 -

为一些高敏感妈妈提供咨询的过程总会不可避免地涉及她们的"地下水脉"，即高敏感特质。一位高敏感的妈妈向我讲述了她每天早上从起床到送孩子去幼儿园这段时间的压力。当她看到儿子在磨磨蹭蹭穿衣服时、小女儿把早饭搞得一团糟时、床铺还没有整理好时，她的愤怒以秒为单位像潮水一样不断快速上涨。她觉得如果自己在早上七点半前还没有整理好床铺的话，作为一个家庭主妇，她就是彻头彻尾的失败者。这种内在的压力常常会转化为对孩子的催促、吼叫和激烈的言语（有时甚至也包括身体上的）攻击。这样一来，她觉得自己作为母亲也是一个失败者，在事后面对孩子时常常内疚不已。

在和她的交谈中我发现，她的原生家庭更看重秩序和规矩的遵循而非友好和亲密的互动。随着日复一日的生活，她对秩序的执着变得如此强烈，以至于每天早上及时整理床铺和不断清理打扫成了她的一种强迫症。只有一切都井然有序、干净整齐，她才会觉得自己完美地完成了任务。

在这个例子中我们可以清楚地看到，热爱秩序本身是一种很积极的价值观，那么它是如何发展成为一种消极的东西，并且影响一个人的家庭生活，使日常生活变成一场"历练"的，值得我们的思考与关注。当这位妈妈意识到这一点时，我们就可以一起寻找应对策略，帮助她尝试用更放松的方法面对和处理她对秩序的执着。

如同上述例子中的咨询者一样，许多妈妈也会遇到类似的问题。我们是否重视秩序、是否在意良好的餐桌礼仪或整洁的外表、是否喜欢自然环境、是否崇尚低调行事，以及我们的信仰、金钱观、与别人的相处方式等都无时无刻不在影响着我们的日常行为。上述这些标准都在实实在在地反映着我们的价值观，然而，只有当意识到究竟何为自己的价值观时，我们才能真正克服自己行为上的局限性。继而，我们会设法控制自己容易激动的情绪，保持冷静的状态，并且用更积极的眼光看待自己。但不知何时，我们也有可能会在下一次的"挑战"中重返老路，感到内疚并且有种应对生活的无力感。

因此，你需要花点时间仔细思考一下到底哪些事情对你来说很重要。这个问题可能不像想象中那么容易，你可能会在一刹那间想到很多纷繁复杂的事情，也可能在某一瞬间大脑空白、什么都想不起来。

在我的研讨会上通常设有一个环节，要求参与者们思考他们的价值观。这个环节往往需要耗费很多时间，所以它并没有受到参与者们的广泛认可与欢迎。但是当大家历经"头脑风暴"成功完成这个环节时，常常会有一个惊人的发现，即他们突然豁然开朗，终于意识到自己的价值观对日常生活有多么巨大的影响。因此，请你也试着列出自己的价值观清单吧。**高敏感者往往有很高的道德和伦理标准，它们当然不会因为你成为妈妈就突然消失。高敏感者的价值观可能包括：诚实、责任感、认真、忠诚、礼貌、尊重和包容。除此以外，你肯定还能列出**

很多。

大家或许可以选择一处安静之地，认真观察一下自己：生活中什么事情尤其会让你感到烦恼，又有什么事情会让你感到非常快乐？因为对于高敏感者来说，那些能轻易引起我们情绪反应，尤其是强烈情绪反应的事情，总是与我们的价值观有着直接密切的关系。

- 价值观这样影响我们的情绪反应 -

例如，如果你注重餐桌礼仪和良好的行为习惯，那么你可能对孩子在吃饭时乱用餐具的行为感到尤其困扰。即使你在理智上知道这是处于这个年龄阶段的孩子的正常行为，你仍然可能会感到胸闷、咽喉发紧、呼吸变浅、心跳加快。日复一日，你可能会变得心理紧张、无故易怒且频繁暴躁，并对孩子大吼甚至打骂，而这些行为你自己并不认可。但这一切做法都令你感到困惑无助。

用我自己的经历举个例子。在我儿子三岁时，他有一个让人头疼的习惯：在超市里躺在地上打滚。他当时完全没有意识到自己挡住了别人的路，只是不停地在地上滚来滚去，尤其是在收银台前面的空地上，他更是滚得起劲。我为此感到非常尴尬。

首先，我完全无法理解他的行为，并且认为这种行为发生在人来人往的公共场合是非常不恰当的。这与我内心看重的价值观——良好的行为习惯——产生了激烈的冲突。其次，我不知道作为妈妈应该如何处理这件事。虽然我确实无法接受他的行为，但高度的道德感使得我不想在公共场合对儿子大吼大叫，因为这样一来会吸引所有人的注意力。这真是一个令人十分困扰的情况！

于是，我决定木然地待在那里，干脆什么都不做，但其实自己内心的紧张感、愤怒感和焦虑感已经达到了顶峰。从其他顾客不耐烦的白眼和窃窃私语中，我可以看出他们认为我对自己的孩子无计可施。但是，我的一个朋友却对此事的反应完全不同。有一次我们一起去逛街，我的儿子像往常一样在地上打滚，我亲眼看到，我的朋友对这个状况表现得毫不在意。这不是因为她不负责任，而是因为她确实认为孩子打滚的行为并不会对他人造成多么大的干扰。在她的价值观里，人们通常所说的礼仪规范和良好行为的"枷锁"并不重要。她不是高敏感的人，因此也不会像我一样时刻仔细关注周围人的反应，所以这对她来说根本不是个问题。

如果当时我意识到"举止得体"在我价值观中的重要地位，即认识到自己对于公共场合中的良好行为规范如此看重，我也许就可以更平静从容地应对这件事情，也能更沉着冷静地对待自己的情绪，并且在对待儿子不合常理的行为时，采取一个合理而健康的态度。我本可以制订一个合适的策略来应对儿子不合时宜的行为，也可以寻求非敏感型朋友的帮助，但我却把精力用在了对此事的焦虑和尴尬之中，无法自拔。事实上，我将儿子在商场打滚的行为看作对我个人性格和能力的威胁和攻击，而这种观念对于建立亲密的亲子关系毫无帮助。

我们总是习惯于对某些事情预设一个期望值，而这种期望值的设定往往会阻碍我们冷静地认识自己的价值观。毫无疑问，这些对于现实生活的期望可以为我们的前进提供信念的支撑和努力的方向，否则我们的生活也可能会陷入混乱的秩序之中。所以从这个角度来看，我们对生活预设的期望是有其存在价值和合理意义的。然而，当某些期望不切实际或者不适用于当前情境时，我们却很难意识到这一点，更不会自我质疑。因此，我们最终发现，自己的想法被这些陈旧且不切实际的期望引导着，而它们与我们的价值观不再相符，当然也无助于我们获得自己真正想要的东西。

因此，在日常生活中时常关注自己的价值观，并找到你真正看重的东西并非一种奢侈。如果你已经遵照上文提到的建议列出了一些重要的价值观，那么现在就可以开始思考：我的价值观在日常生活中如何体现？

以前文提及的高敏感妈妈为例，她对秩序的热爱，即秩序的价值观，表现为她要强迫自己按时整理好床铺，也表现为她总是试图让孩子保持干净整洁。如果你的价值观清单中包括包容，那么它可能表现为你乐于与文化背景不同或性格特征迥异的人交朋友，但也有可能表现为你对自己的孩子过度宽纵。要知道，世界上不存在绝对正面或负面的价值观，任何事物都具有两面性，你可以从不同的角度进行观察。我们在这里也并不是在评判不同价值观的好坏，只是在综合考量价值观作用的基础上，推测出可能会对你的生活产生阻碍的事情。

- 价值观的变化与冲突 -

然而，我们的价值观在某一时期形成之后并不是一成不变的，它也会随着时间的流逝和个体的发展而改变。

如果你在 20 岁时追寻自由且不受约束，那么在 30 岁时，你可能会更想拥有一份稳定体面的工作和幸福美满的家庭；在 50 岁时，你可能又会飞往世界各地探险，开始寻求新的刺激来充实你乏味的生活，你甚至会开始学习新技能并考取摩托车驾照；在 70 岁时，你可能又开始享受厨房窗前那恬静淡然的田园生活，眼看着日复一日的朝晖和夕阳，感叹着蜉蝣天地与沧海一粟。总之，今天对你来说至关重要的事情，在十年后可能就变得不值一提了。

稳定持家的特质对于组建家庭固然重要，但如果这些特质与强烈的自由欲望发生了碰撞，那么你就需要在两者之间做出选择，从而有极大的可能陷入内心的矛盾与冲突。

在现代社会中，妈妈仍然象征着一个家庭生活的稳定与温馨，是使整个家庭极具安全感的存在。因此，当一个女性成为妈妈后，她会努力在自己身上寻找人们期望她具备的那些品质。 但对于那些内心复杂的高敏感女性来说，这可能会让她们感到自己炽烈的内心突然变得一片荒芜。喜爱文学的女性突然之间失去了阅读的时间，更不用说有机会去逛她最喜欢的书店了。喜欢深入对话、反思内心、分析关系并探讨哲学问题的高敏感母亲，突然只能讨论哪种纸尿裤更舒服、哪种富含维生素的婴儿食品更好。我们将如何整合这些看似冲突的价值观？目前我们周围还没有足够客观的答案和优秀的榜样。因此，我们育儿生活中的大部分时间都感觉是在独自奋斗。

高敏感妈妈的内心往往还有另一场"斗争"。**因为她们普遍持有一种刻板印象，即将关注自己的需求定义为自私的特质，所以她们会把本该用于自己的所有精力都用来关心和照顾他人，当然也包括自己的孩子。** 但请高敏感的妈妈们时刻谨记：关爱自己同样重要。我们要学会用无私的方式与自己保持亲密的关系，像一个多年来陪伴自己的闺蜜那样关爱自己，了解自己的优缺点并充分接纳自己的个性。你的经历有时或许会限制你与生俱来的天赋和才能，以至于你无法充分发挥自己的能力。但实际上，你有很大的机会可以打破这些限制，尤其是在成年之后。到那时候，你终于明白这个道理：关心自己并不是一种自私或自恋的行为，而是为了重新发现自己的内在本质，找回最初那个本真的自我。当我们找到与自我和谐相处的方式时，我们才能充分发挥自己的力量。

高敏感的人之所以经常感到疲惫不堪或者力不从心，是因为他们发现自己时常处在一种与社会普遍认可的价值观相抵触的家庭结构或亲密关系中。如果一个人不能按照自己的真实想法生活，每天都要面对一些与自己的实际需求相违背，或者与自己的看法不完全符合的事情，他就必然会耗费大量的精力。然后他可能会对这样的生活方式感到莫名的抗拒，同时内心也会有强烈的不被社会所理解的孤独感。

- 勇敢探索内心的"水晶洞" -

多年前，在墨西哥北部的一个大型建筑项目中，人们偶然发现了一个洞穴，名为奈卡水晶洞。这个洞穴里长满了巨大的石笋和钟乳石，它们从墙壁、地面和洞顶上延伸出来，高达数米。洞穴内的环境十分恶劣，里面的气温保持在 60 摄氏度以上，人类活动超过 10 分钟就会面临生命危险。人们要想安全进入洞穴并进行活动，只能穿上带有冷却功能的高科技防护衣并携带上足够的氧气罐。因此，这个洞穴永远不会对公众开放。但那些负责探索洞穴的研究人员每天都能体验到这里独特的自然奇观，他们也能够意识到自己的发现对外界有重大的意义，并因此小心翼翼地不断探索着洞穴内部的奥秘。

你可以将探索自己的内心与探索奈卡水晶洞进行类比。当你开始敢于探索自己的内心时，必然会有许多伟大的发现。当然，也许你也需要特殊的"装备"来适应充满挑战的环境，也许你的内心"景观"不容易被世人接受，也许它永远不会有对公众开放的机会，但你会因为深入探寻自己的内心世界而获得丰厚的心理回报。

当你开始探索自己的内心时，你将会发现一个独特丰富的世界。你可能会发掘出自己从未感知到的创造力，从而产生一些独一无二的想法。保罗·策兰（Paul Celan）曾说："还有歌曲即将唱响"，这句话对高敏感者非常具有启发意义，它让高敏感者们意识到自己仍然可以用独特的方式为这个世界做出贡献。

作为一个妈妈，你每天都有机会歌唱：你既可以和孩子一起唱首快乐的儿歌，也可以只为自己的喜好高歌一曲。你能够孕育并抚养一个孩子长大成人，这件事情在象征意义上来说，本身就是为这个世界的歌曲合奏贡献了一根琴弦。而这根琴弦所发出来的音色是低沉还是高昂，完全由你来决定。尽管在繁忙的日常生活中，你可能会忽视育儿的创造性特质，但是自从成为妈妈后，你已经在一刻不停地发挥着自己的这种创造力了。

以下这些问题可以帮助你了解自己内在真正的价值观：

- 在生活中，什么对你才是真正重要的？

- 你的家庭向你传递了哪些价值观？

- 这些价值观符合你自己内心的价值观吗？

- 你能够按照自己的价值观生活，还是感到十分困难？

- 你喜欢自己的哪些特质、技能、能力和行为方式？不喜欢哪些？

- 你认为别人喜欢你什么？不喜欢你什么？

- 就个人发展而言，你希望在未来培养、增强或表现出哪些特质？哪些特质是你希望保持不变或至少不要发生明显变化的？

- 哪些做法可能成为你实现目标的第一步？

以上问题可能会让你想到那些源自你高敏感性的性格特质。通过回答这些问题，你可以重新评价自己的价值观和性格特质，并认识到其中具有积极作用的一方面。高敏感者的思想、情感、态度、经验和价值观是相互关联的整体，仅仅调节外部行为是不够深入和持久的。我希望能够引领你走向自我认知之路，这也将为你带来诸多实际的益处。

第二章
高敏感的我成了妈妈

如果你想成功地与自己的高敏感特质和解，首先要了解哪些个人经历导致你变得高度敏感，这种认知能够让你内心世界的逻辑变得更加清晰。

1.

妈妈们的困境

- 产前与产后 -

　　我对两次怀孕的经历记忆犹新，它们可以算是我一生中最美好的时刻。我在孕期的感觉非常好，身体上没有特别恶心的感觉，也没有出现暴食的症状。我记得孕育新生命的感觉是多么美妙，我沉浸在自豪和幸福之中，受到家人和朋友们的尊重和无微不至的关怀。

　　在那段时间里，我几乎没有因为过度刺激而感到痛苦。为什么呢？原因是在那段时期，我因为孕期状态经常感到疲惫，但是我身边的每个人都能轻易地理解我，甚至"纵容"我，并且我可以在任何让我不安的场所以怀孕为借口随时"撤退"到安全范围之内。如果有人邀请我参加聚会，而我对那个场合感到不舒服，我就可以用怀孕、恶心或感到身体不适为由迅速离开。如果我情绪突然产生波动，大家就不约而同地认为那是孕期激素在影响我的心情，并因此迅速原谅我。

回想起来，在那九个月里，我能够按照高敏感的方式安排我的情感和生活。我可以在任何情况下都把怀孕当作道歉的理由，这通常比说自己非常敏感更容易被周围的人接受。

你有过类似的经历吗？如果有的话，那么你至少应该在一生中的某个时刻体验过这种美妙的感觉，你能清楚地明白，对高敏感者来说，能够在某段时期按照自己喜欢的方式安排生活有多么轻松、自在、愉快。我希望你在产后也能体验到这样的感觉。

产后前几周，人们也能理解你刚刚经历了分娩，疲惫不堪，需要休息，可能会像怀孕之时一样包容你，但你会在某个时刻突然意识到这种"优待"发生了变化。当你的敏感情绪再次来袭时，你可能会听到别人这样说："这就是现实，你必须经历！""大家都经历过这种事，这难道不是很正常吗？"或者"别这么敏感，没必要为这种事情生气，这对孩子可不好！"

如果你遇到了这种不被理解的情况，请你一定要意识到，你是高敏感的人，因此你的感知要比非高敏感者更强烈，由于外部刺激和个人经历的影响，在某些方面的情绪反应可能会被你无意识地放大。在这里，我想给你讲一个小故事。

我的儿子是双方老人的第一个孙子，当时家里的四位老人都非常期待这个宝宝的出生。虽然他们住得离我们很远，但在孩子出生后我的父母马上就打来了电话，我能感受到他们的兴奋和关心。而我的婆婆在孩子出生第二天就急忙驱车赶到医院来看望我们，她当然也为这个孩子的到来感到兴奋，把孩子抱在怀里欣喜良久，不肯放手。但突然间，我发现了对我来说十分难以接受的情况：自从来到医院后，她没有对我说一句话，甚至没有好好地看我一眼，就带着我的孩子离开了房间，而她离开的这段时间对我而言却显得格外漫长。虽然我的分娩过程相对轻松，但我的情绪状态非常不稳定，我当时觉得她未经我的允许就带走我的孩子，是对我极大的冒犯和不尊重。于是我忍不住哭了出来，很长时间都无法平复自己的情绪。

在这种情况下，有些妈妈可能会保持平静，甚至觉得婆婆如此专心地照顾孩子，对自己来说是一种放松和解脱，但我做不到，也不会这样想。这是因为我曾经有过一些特定的生活经历，让我特别容易感受到各种侵犯的伤害，这种个人经历与高敏感的特质相结合，导致我产生了这样强烈的情感反应。

一个高敏感妈妈可能在遇见某些事情时会产生特别强烈的反应，这些反应也许和我的有相似之处，也可能完全不同。如果你想成功地与自己的高敏感特质和解，首先要了解哪些个人经历导致你变得高度敏感，这种认知能够让你内心世界的逻辑变得更加清晰、更有秩序和条理。

- 产后的过度刺激 -

大约有20%的母亲患有产后抑郁症，这个数字正好与高敏感者在总人群中所占的比例不相上下。虽然二者之间的关系尚未得到研究证实，但高敏感性可能会成为产后抑郁症的诱因之一。

判断一个人是否高敏感的标准之一就是高敏感者更容易受到过度刺激。可想而知，分娩后的妈妈们会经历极强的过度刺激：家人来探望，亲戚朋友们来看望孩子并了解分娩的情况；可能一开始你的母乳喂养很不顺利，会给你带来痛苦和挫败感；你的激素水平也处于紊乱状态，这可能导致你出现极端的情绪波动；分娩的劳累仍未得到缓解，同时内心的不安却让你无法得到充足的休息。即使不会出现这些消极的状况，即使你在分娩之后感到一切顺利，感到家庭和谐、充满爱意，但是快乐的激素也会让母亲受到过度刺激。因为即使是积极的刺激，对高敏感的妈妈来说都仍然是"过多"的，从而令她们感到精疲力竭。

在怀孕时，你还能寻找看似合理的借口去避免那些不愿面对的事情，周围的人也会对你表示理解和包容，但现在的你已经失去了这种特权。如果你仍然试图给自己和孩子找一些安静相处的时间，就可能会引起他人的不理解。但是如果你被迫要与所有人保持联系，你就会感到精疲力竭、烦躁易怒。在这种情况下，许多女性第一次经历了这种困境：到底她应该屈服于周围环境的要求和期望，还是应该在可能冒犯其他人的情况下无所顾忌、按需行事？

- 正确看待对自己和别人的要求 -

由于高敏感是一个新兴的讨论话题，所以我猜想，你在成为妈妈时可能很少或根本不了解这种特质。即使你怀孕期间的经历可能与我不完全相同，但无论如何，接下来发生在你身上的每一件事情，比如分娩、与婴儿初次相处等，都充满了未知的变化，并且你需要重新定位自己的身份。回想一下你当时的感受。当我对一个朋友问出这个问题时，她只用了一个词回答："可怕！"

生产是人生中的一个危机事件。**为何称其为危机事件呢？因为它需要人们在某种情况下迅速进行并完成角色的转换。当一个女人成为母亲时，她就突然面临着社会角色转变的问题。**

其实，我们在生活中都扮演着不同的社会角色。从出生起，我们逐渐从嗷嗷待哺的婴儿成长为跌撞爬行的幼儿，然后又成为蹒跚学步的幼儿。摆脱纸尿裤以后，我们就变成了幼儿园里的孩子，后来又成了学校里的学生。如果我们加入一个体育俱乐部，我们就立刻成了一名俱乐部成员；如果我们开始学习演奏乐器，我们就立刻成了钢琴演奏者或长笛手。有些角色是我们主动选择的，有些则是社会强加给我们的。

出生伊始，我们就会扮演"女性"或"男性"的角色，当我们选择尝试扮演这些被社会赋予的角色，或者尝试质疑社会对特定角色（例如女性）的期望时，我们才会意识到：这并不像一部戏剧的角色那样，可以轻松地扔下戏服、甩手走人。即便今天人们不再当面说出"没生孩子的女人不是真正的女人"，但是许多女性仍然在内心深处认为，"成为母亲"是她们作为女性角色必要的一部分。

结婚生子被社会认为是"不可不经历"的事情，这种观念根深蒂固，几乎没有人想过要去质疑它。还未成为父母的人们也很少考虑，孩子对于他们自己以及他们的生活而言到底意味着什么。因此，许多女性在生育后普遍会经历一种"震惊"的心态转变。几乎一夜之间，她们从一个女孩摇身一变成了一位妈妈。

尽管大多数人可能没有意识到，但实际上她们确实被置身于一种复杂的压力情况之下，当人们在主观上感知到自己无法满足内外部的要求时，就会感到压力。比如年轻的妈妈打算把一切都处理得完美，在职场继续大放光彩的同时又能兼顾孩子的需求（内部要求），但她的家庭希望她放弃全职工作以便全身心地照顾孩子，或者她的婆婆介入到她的小家庭中并固执地使用自己的一套方法去照顾和教育孩子（外部要求）。如果这位母亲认为自己没有能力应付这一切，满足内部和外部的要求，她就会感到压力像一块巨石砸在了她的头上。一方面，她想把一切都尽可能做到最好；另一方面，她又面临着与内心需求不符的外部期望，这种进退两难的情况很容易让她的身心处于超负荷的状态。

引起超负荷的原因隐藏在高敏感者的内心深处，因为高敏感者往往习惯于对自己和他人提出非常高的要求。尽管他们后来也会发现，实际生活中没人总是能满足这些要求，但他们仍然会长期坚持下去。

对高敏感者来说，与其重新考虑和调整对自己和他人的期望与要求，不如直接追求理想来得容易。"让别人满意"本身就是一种不切实际的要求。根据我的观察，想要解决这个问题，需要人们首先深刻地了解自己的性格特质。如果你很清楚自己属于那种天生高标准、严要求的人，那么你也可以将自己的要求仅仅视为一种虚无缥缈的期望而已：它们只是脑海中的一个想法，而不是一定要真正实现的东西，不必过于执着。

在对我的咨询者进行采访的过程中，我也遇到过一些很有意思的情况，比如有些人并不会以特别直白的方式来表达自己的个人要求，其中一次采访的氛围令我记忆犹新。

我和受访者商量电话采访的时间，但当时很难找到双方都合适的时间。这位年轻妈妈提出了在当天晚上某个时间段进行采访的建议，但我在这么短的时间内不可能准备好采访的问题。这位妈妈透露出的慌张引发了我的思考，我即刻感到一种慌乱的氛围和一股无形的压力。一周后，当我们终于约好时间，真正面对面交谈时，比起谈话内容，我更在意她的声音。她的语速非常之快，我从中感觉到了她所承受的巨大压力和传递的紧张情绪。几分钟后，我就变得和她一样紧张起来。

也许你想知道，我为什么会在此处提到这个例子，因为它跟我们所谈论的"要求"的话题相关。在谈话过程中我清楚地意识到，这位妈妈之所以事无巨细地跟我诉说她的家庭状况，是希望我能够理解她的处境。在我看来，她并没有得到身边任何人的理解，他们对这位妈妈想谈论的话题也丝毫不感兴趣，我的访谈对她来说无疑是一根救命稻草，因为她急切地希望有人能倾听她的诉求、理解她的处境。这当然也是一种要求，而这位妈妈的要求就是以这样的形式表达出来的。

如果你刚刚生完孩子，那么你可能也会有这样的经历：你想通过十分细节化的叙述让别人充分理解自己。

我经常在高敏感者身上发现这种诉求，他们渴望别人能够真正理解他们复杂的内心世界。因此，他们一方面迫切地需要和周围的人分享自己的想法；另一方面他们又常常感到失望和挫败，因为人们通常对他们纤细敏感的感知方式不感兴趣。

这个问题听上去可能复杂又棘手，但解决方法却十分简单：你仍然可以像往常一样去尝试交流、寻求认可，但有一点你一定要认识到，那就是你依旧有可能得不到理解。**高敏感者要学会把交流的需求和被理解的愿望分开。你可以去满足自己倾诉和交流的欲望，但是不要期望别人能设身处地为你解决问题。**当然，小家庭中的夫妻双方需要对某些事情提前进行协调和组织，共同安排好合适的计划，才能避免"丧偶式育儿"现象的出现。当面对日常生活中的琐碎任务时，与伴侣及时沟通和寻求建设性的解决方案是非常重要的。但是，如果这个过程很大程度上影响到了你的情绪状态，那么你千万要记得，虽然你也可以选择向他人倾诉、寻求安慰，但解决问题的关键完全在于你自己。

- 负重前行的"好妈妈"-

怎样才算一个好妈妈？一个好妈妈会采取哪些养育策略？明确这两个问题的答案对于承担妈妈这一新角色而言至关重要。然而，几乎没有家庭会在孩子出生前就有意识地关注这些问题。大家准备的往往只是布置婴儿房，购买环保木制玩具以及足够的连体衣、围嘴和纸尿裤。这些当然也都是宝宝出生后必需的物品，但是，很少有家庭会花同样多的时间来思考：一个新生命的到来对其父母以及整个家庭而言意味着什么。

也许你的原生家庭给你传递了这样一种观念：成为妈妈就意味着要牺牲自己。可能在你还是个小女孩的时候，你就隐约感觉到，拥有孩子让你的妈妈放弃了很多东西。即使你在青春期时也很叛逆，想在长大后一定要成为和妈妈完全不同的人，但你还是已经接受了这种想法——有孩子就意味着牺牲。

你可能经常会听到这种话："这就是现实。""当你有了孩子，就再也不能随心所欲了。""这就是现实生活的一部分。"而且，你确实很难回到孩子出生前的那种生活节奏了。即使妈妈们心甘情愿地做出牺牲，但对许多高敏感者来说，妈妈这个角色仍然会带来许多难以想象的困难。成为母亲后，你意识到从现在开始家庭将有更多的开支用于孩子，也许会降低度假的规格，也许会削减之前肆无忌惮的饮食开支。你内心对外界过于在意，心情起起伏伏，经常让你很难完全自如地享受和孩子在一起的时光……

面对这一切，你真的准备好了吗？无论是需要搬家、自我牺牲，还是无法像以前一样随心所欲、做自己喜欢的事情，你或许都已经有所准备。但最终你还是惊讶地发现：尽管你已经为孩子做出了很多改变，但仅靠自我牺牲的精神很难让你达到心目中好妈妈的标准。

然而，世俗社会对女性的期望却不是一成不变的。如今的女性还应该有属于自己的事业。过去所谓的"家有孩子和厨房"要拓展为今天的"家有孩子、厨房和厅堂"。

诚然，幸运的是，如今的女性有更多的机会和选择权来塑造自己理想中的生活。但是，在这里我想指出，随着选择的多样化，协调不同角色的重担也在增加。然而，这项繁重的任务通常是由女性独自承担的，如果女性要同时承担妈妈和职业女性两种角色，那她们就必须确保家务活动不会因此受到影响。如果她们想雇用保姆帮忙减轻负担，那么通常意味着，她们必须自己寻找和筛选合适的人选，并且保姆的工资都由她们自己支付。如果她们想把更多的精力投入工作，就又必须独自寻找和筛选合适的托儿所，让她们能够放心地将孩子托管在那里。妈妈们逐渐意识到，无论做出什么选择，她们都必须独自付出一定的代价。

如果她们决定只做"妈妈"这一个角色就好，那么她们就会被嘲讽为"什么都不懂的家庭主妇"。如果她们决定兼顾家庭和事业，她们又很快成为那种为了自己的事业把孩子托付给别人的"自私的坏妈妈"。因此，妈妈这一角色在工作和生活中始终处于两难境地。即便如此，她们敏感的内心仍然能够感受到自己何时到达极限，自己的生活是否真的充实和幸福，或者是否不得不无限期地延迟满足自己的需求。

我当时决定充分利用好三年产假的时间，以饱满的热情和高度的责任心成为妈妈这一角色——但三年后我发现，我变成了一个焦虑不安的人，既对生活感到无聊又觉得自己的身心已不堪重负。许多高敏感者在成为妈妈后也会有这种感觉。具体内容我们将会在下一节详细展开。

本节最后留了一些思考题给大家，请借助以下问题展开思考：

- 你的分娩体验如何？

- 你的家人是如何对待你和宝宝的？

- 是否还有一些想说但仍未说出口的事情一直困扰着你？

- 你对自己有什么期望？你身边的人对你有什么期望？这些期望是明确表达出来的，还是你在潜意识中感知到的？

- 你在怀孕期间有什么难忘的经历？

2.
在无聊与疲惫之间摇摆

- 了解自己的需求 -

生养孩子可以说是世界上最大的冒险之一。想要体验肾上腺素爆发的极限刺激吗？你只需找一个阳光明媚的午后，在小区里教你的孩子晃晃悠悠地骑自行车即可。想要展开一次自我体验之旅吗？你只需与你正值青春期的孩子们讨论最晚回家时间等家规家训以及一般性的礼仪规则等问题。

无论你追求何种挑战，只要你拥有一个孩子，基本上都能体验个遍。既然养育孩子的生活似乎充满了挑战和刺激，那么为什么仍有许多妈妈抱怨养孩子很无聊呢？而我自己在养育孩子的过程中也曾经历过那种无聊到打哈欠的感觉。**其实，高敏感并不仅仅意味着能够敏锐感知这个令人身心俱疲的世界，它还意味着这类人群更容易被外界的机会所吸引。**你内心里也有一个小角落，正在热切期待着能够参与到世界上各种缤纷多彩的活动中来，希望受到人们的尊重和欢迎，并有机会与其他成年人进行深入又愉快的交流。如果有机会，你就可能会花时间研究历史或画画，这些领域都能激发你的兴趣，让你感到意趣盎然！因此，不无聊的关键在于如何在照顾孩子的过程中安排好时间，发展自己的兴趣。

让我猜猜看：当你和孩子相处时，你没有任何机会做自己喜欢的事情，而是全心全意为那个无助的小家伙付出。在我认识的妈妈里，几乎没有人认为照顾孩子的同时还有机会发展自己的兴趣爱好。高敏感者需要更多时间关注自身的需求，这一方面是为了放松心情和恢复状态，另一方面是为了从中获取能量和力量。

然而，正如前文所述，人们想象中的理想状态下的妈妈一直都对外界充满关爱并有牺牲精神。我认识的大多数妈妈也都非常勇敢，并且长时间地努力实践着这种理念。她们在怀孕后不再坚持自己的兴趣爱好，放弃了规律的运动，甚至把平日里喜爱的乐器或怡情养性的绘画用品扔到了地下室的角落。这似乎也有充分的理由：因为孩子的出现，她突然没有时间画画了，孩子正处于最适合探索世界的年龄，可能会啃咬画笔或者颜料，如果弹奏乐器则会吵醒刚睡着的孩子……当然，你有足够的理由放弃这些爱好，况且，你在照顾孩子之余，已经没有多余的精力来丰富自我了。

实际上，放弃这些曾带给你快乐的事情是一个根本性的错误。因为这会让你忽视自己的内心，而恰恰是那重要的部分才能告诉你：你不仅是孩子的妈妈，你也是一个友好有趣的闺蜜，才华横溢的画家，潜在的室内设计师或胸有丘壑的企业家，倘若你完全把自己局限在妈妈的角色上，就意味着放弃了自己的傲人天赋和独特才华。

- 让你放松的休息方式 -

因此，请静心放松回忆一下，在你仅是一个女人而非妈妈的时候，什么事情曾经让你感到快乐。也许你喜欢徒步旅行、听音乐、打乒乓球或其他类似的活动，那么就请找个时间，重新体验一下这些乐趣吧。也许你可以在客厅的书架上预留一些空间摆放一本素描本，旁边放上一盒漂亮的彩色铅笔，方便你在孩子睡着时随手取用。如果你想沉浸式体验自然中的美好，那么你可能知道一个地方，在那里你完全与自己融为一体。在内心无比平静的状态下，你可以全身心地欣赏大自然的美好。

无论如何，关键在于你要以自己为出发点，真正为自己去做热爱的事情，这比起在沙发上躺着更有益于高敏感人群恢复精力。

有趣的是，我们似乎只有在休息和无事可做之时才能真正放松。**然而，对高敏感的妈妈来说，即便在十分安静的环境下什么事都不做，她们也无法真正放松，因为她们一直忙于处理自己的思绪和内在状态。** 这时，她们可能躺在床上辗转反侧，胡思乱想，回想起上午在超市遇到的那个女人的眼神是否友好，思考下次见面时应该如何应对。或许，她们突然思考家里还有哪些家务需要完成、哪些衣物需要洗涤，以及还需要给花园添置些什么工具。最终，她们感到心跳加速，身心俱疲。然而，这半小时的时间本应该是专属于她们自己的放松时间！

同样地，不是任何我们想要做的事情对我们的身心都是有益的。比如你可能想坐在沙发上喝杯酒、看看电视，但如果你选择出门散步半小时，肌肉会得到锻炼、身体会处于一种更好的状态，这显然是更健康的放松方式。当然，跳出舒适区并尝试新事物总是需要付出努力的。有时你也需要别人的支持，需要有人鼓励你、陪伴你一起散步。所以，这也是你与丈夫沟通的好机会：在办公室忙碌了一天后，他可能同样需要走出家门，到大自然中放松身心。

- 一位妈妈精疲力尽的一天 -

让我们做个思想实验：想象一位年轻妈妈的一个普通早晨。闹钟响了起来（对这位妈妈来说有点太早，因为她昨天很晚才睡着），她疲倦地起床洗漱，然后为家人准备早餐。虽然每一个动作都得心应手，但她的内心却感到困扰，默默地抱怨为什么总是要这么早起床，感觉自己像个家务机器人。她只想回去睡觉，但这时孩子们的哭闹声打破了清早的宁静，她甚至还没来得及喝口刚泡好的茶。昨晚的盘子还堆积在厨房里，她仍在思索着昨晚和丈夫之间短暂的争吵，试图理智地找出矛盾的根源却依旧百思不得其解。她想把女儿抱过来吃早餐，但似乎儿子还在赖床。

她一边听着他房间里的动静一边纠结：儿子醒了吗？真的要再叫他一次吗？叫儿子的时候可以让女儿一个人留在餐椅上吗？这些问题困扰着她，让她不禁感到有些恼怒。尽管她没有用言语表现出来，但她的声调变高了，呼吸也变得急促，明显的紧张情绪在体内逐渐累积。她决定让女儿在儿童餐椅上自己坐一会儿，自己好抽空去叫醒儿子。儿子醒来后非常暴躁，大声喊着今天无论如何也不去幼儿园了。面对早上的这一团乱麻，她感到非常恼怒，几乎强迫儿子出门去上幼儿园。

之后到了游乐场，这位妈妈获得了些许宁静，疲倦地坐在长椅上，看着女儿独自在沙坑里待着，过了一小会儿，女儿就大叫着"妈妈"，让她过去陪她玩。

然而，她的心思却早已飘向了别处，正在思考着午餐应该吃什么，今天还有哪些家务需要完成，以及自己的情绪为何如此低落。因此，她的动作变得粗鲁急躁，目光也变得冷漠，连音调都变得有些刺耳。女儿因她的这些变化受到惊吓，开始大声哭泣起来。于是，她只好心不在焉地陪女儿玩了一会儿堆沙子的游戏，但很快就决定收拾东西回家。小家伙不理解为什么突然要离开，只能在不停的哭喊中被她拖着离开了游乐场。最终，这位妈妈精疲力尽地回到家中。

在上述场景中，这位妈妈全程都处于过度刺激的旋涡之中。为什么她在上午的时候就感到疲惫不堪呢？很明显，因为她没有获得充足的高质量睡眠。高敏感的人需要相对充足的睡眠来保持精力充沛，睡眠时间可能超过一般专家所推荐的 8~9 小时。

也许有人会说："那不是很简单吗，早点上床睡觉就好了。"然而事情并非如此，一方面，因为大多数妈妈只有在孩子们入睡后才能真正拥有属于自己的时间。如果她早早上床，她在主观上会感觉被剥夺了可支配的宝贵的空闲时间。另一方面，她每晚都感觉如此疲惫不堪，只想瘫在沙发上玩手机或是看电视，而不是马上睡觉、读本好书甚至和朋友出门聚餐。因此，她经常感觉睡眠不足，醒来后仍然觉得精疲力尽。

睡眠不足会导致能量流失，这成为引起过度刺激的直接原因。而起床后，这位高敏感的妈妈又要开始日复一日的忙碌。但在这个过程中，她并没有将注意力放在这些家务上，而是在反复纠结自己的命运，甚至是在评判自己的婚姻。不仅如此，在整个过程中，她甚至不能也没有时间好好照顾自己的身体，甚至连喝杯茶的时间都挤不出来。

在这个故事中，我们可以发现这位高敏感妈妈的两个特点：第一，为了履行社会和家庭赋予妈妈的职责，她完全忽视了自己的内心需求；第二，她一直被消极的思想纠缠并将注意力集中在这些负面感受上。

我们的思维与大脑的情绪中枢直接相关，因此负面的想法必然会带来消极的情绪体验。假如我们每天一大早醒来就一直想着"我总是要这么早起床，没有人帮我分担"，那么我们一天从早到晚是不可能感觉良好的，而恰恰是这种思维模式贯穿了这位母亲的日常生活。即使在游乐场上，她也没有全神贯注地看着她的女儿玩耍，只是在物理意义的时间和空间上机械地陪着她，精神状态上却是缺席的。这种情感上"迷失"的状态再次导致能量的损耗，而这种损耗在体力活动时会变得更加严重，双重消解下带来的最终结果就是每天精疲力竭的状态。

现在让我们来看看，这位年轻妈妈还有什么选择和机会来改善她的处境。我们已经看到了哪些因素会导致她遭受过度刺激和感到疲惫不堪，总结起来就是：**睡眠不足、忽视身体需求、纠结于负面思维、不专注于当下。这些因素具有较为普遍的意义，是造成许多高敏感的妈妈感到不堪重负的主要原因。**

大部分高敏感的人似乎天生就具有非常强烈的责任心，以至于他们会为了履行责任而忘记了其他一切，尤其是正视且在意自己内心的需求，而在日常生活中，恰恰是一些微不足道的小事能够改变这种状况。因此，上述场景中的妈妈可以学习如何认真对待自己的身心状态，比如每天早上进入厨房时，就先给自己泡好一杯茶。在喝茶的时候，她可以将注意力集中在自己的身体和心理状态上，并静静感受自己的呼吸。这样她可以意识到自己的疲惫，并且有意识地抵制那些负面想法，允许自己享受这宁静的时刻。在接下来的一天中，她可以时刻关注自己的呼吸频率，这样她就会注意到那些自己感到紧张或敏感的时刻，并通过深呼吸让自己变得更加平静。在超市里，她可以刻意放慢脚步，精力集中在要买的东西上。

这一切对你来说可能非常困难，或者过于微不足道以至于时常被你忘记。但是，我想提醒你的是，**这些微小的改变将在你的大脑中建立新的神经连接。**你准备好了吗？

- 两次观察带来的启示 -

不管是内心专注还是情绪激动，这种状态都会显现在你的外貌上。我想分享几个月前我在超市的两次观察。

第一次观察：一个妈妈带着她的两个孩子在购物（我猜测其中一个在上幼儿园，另一个大概是小学一二年级）。当她在货架上挑选面包时，两个孩子在购物车旁玩耍。他们推推搡搡，争先恐后想爬上购物车，这不免让人觉得有些吵闹。

这位妈妈仍然在忙着挑选面包，并没有转身去管教孩子们，但她用语言禁止他们喊叫。显然，两个孩子并没有听进去，反而在购物车上拉扯得更激烈了。与此同时，那个大一点的女孩已经成功爬上了购物车，她的弟弟则扒在购物车边嚷嚷着。这时，这位妈妈抓住男孩的胳膊，把他从车上拉下来，并大声斥责他们："别闹了！你们到底在做什么？没听见我说话吗？我再也不会带你们出来了！够了！"男孩随后蹲在地上大哭起来，而女孩却不打算从购物车中爬出来，毕竟这是她费了好大力气才争取到的位置。相反，她坐在购物车里开始晃动起来，感觉自己就像在杰克船长的"黑珍珠号"上一样。购物车因为女孩剧烈晃动起来，最终连同"船长"一起倒下了。此时，两个孩子都开始大哭起来。

那位母亲还没有完成她的购物"任务"，正忙着买蔬菜，看到这个嘈杂混乱的场景，她连忙跑过来大喊："和你们一起安安静静地买个东西都不行！你们太烦人了！别哭了！"

第二次观察：另一位妈妈带着自己的两个孩子也在这家超市购物。其中一个是几个月大的婴儿，另一个大一点的男孩大概只有四岁。这个小家庭起初并没有引起我的注意，直到小男孩开始发牢骚，我才不由自主地注意到他们并且持续关注着这位妈妈的反应。

她冷静地听着儿子的抱怨，友好而坚定地拒绝了他的要求。于是，小男孩开始哭闹起来，大声表达着他的不满，但这并没有让他的妈妈有丝毫动摇。她转向孩子，与他面对面低声说着什么，但也只有几句话而已。小男孩并没有停止哭闹，但她仍旧全神贯注地继续购物。

我感受到了这位妈妈散发出的冷静而坚定的气息，无论她的儿子做出什么反应，她都能坚持自己的立场，并且不让情绪影响到自己，最终顺利地完成购物。

另外还有一点很重要的观察：第一个故事中的妈妈穿着比较随意，她穿着简单的深色 T 恤和牛仔裤；第二个妈妈则穿着一件漂亮的浅色连衣裙，整个人看上去非常有活力。我们需要注意，关注自己的外在形象也是照顾自己的一种方式，因为你对于自己是否有魅力的判断会在很大程度上影响到你的自尊心。相信很多妈妈都深有体会，有了孩子之后，她们很容易感到自己失去了往日作为一个女人的魅力。

- 学会专注体验当下，滋养自己 -

简简单单的两次观察并不足以让我确切地判断上述两位妈妈是否高敏感。但我想指出的是，对于高敏感人群而言，集中注意力和保持稳定的主观意识十分重要，因为这些都是处理自己高敏感性的积极方式。

专注于体验当下，投身眼前的活动，是对抗高敏感者无聊感的最佳工具。 即使你对玩沙子根本不感兴趣，但如果能真正专注和细心地对待此刻，你也能够获得许多意想不到的愉悦体验。比如你可以凝视每一粒细沙身上闪烁的光芒；你可以看着沙子沿着沙堆缓缓侧滑而下；你可以感受灿烂的阳光照在背上的那种温暖；你也可以用心体会并享受与孩子的每一次亲密接触。此外，你可以欣赏阳光下孩子手臂上的细细绒毛，对这个小生命的诞生心怀感激。

如果能做到以上这些，你就能感受到其中的区别。**全神贯注，就是用所有感官来体验此时此刻，不怀念过去，不期待未来。** 所以我们需要练习自制力，即一旦发现思维开始漫游，就要在内心放出一个"停止思考"的信号。我们在任何活动中都可以练习专注，无论是洗碗、工作、开车还是烹饪时，都可以随时练习识别"停止思考"的信号。即使你现在对生活中的大部分事情都感到快乐和满足，也仍然可以用更多的专注力来提高自己享受当下的能力。

如果你开始做一些由内而外滋养自己的事情，你就能更好地迎接即将到来的挑战，而这些挑战就如同四季的更替轮换，是无法逃避的。当我们感到沮丧时，通常是因为我们无法应对当前的局面。由于高度的感知能力，高敏感者能够在每个场景中都捕捉到最微妙的细节。然而，由于他们缺乏内在的过滤器，无法区分事情的重要程度，因此往往会感到沮丧和疲劳。例如，对于他们而言，陪伴孩子玩耍、取快递或是清理洗碗机是同等重要的事情。

对于这种现象，神经学领域也做出了解释。科学家观察到，**大脑中的一种神经网络负责区分重要和不重要的信息。他们将这个神经网络的机制称为"潜在抑制"。潜在抑制有助于我们对于优先事项做出判断。**如果潜在抑制减弱（如罹患精神分裂症），那么人们的创造力就会被激发，但同时也会导致这些人经常受到过度刺激的影响。

由此可以推断，大多数高敏感者的潜在抑制都处于较低水平，因此常常会受到过度刺激并觉得力不从心。这也是高敏感者经常会出现混乱行为的原因，同时也能说明为什么他们通常拥有让人眼前一亮的创意（创造力并不一定需要高级的表现形式，比如那些在艺术市场上高价成交的大型画作，其实它时常从你改变惯常做法的那一刻就开始了。例如，今天午餐时你决定把特殊的食材加入某道家常菜，或是允许自己尝试以往从未尝试过的不同行为）。

让我们来总结一下：成为高敏感者往往意味着体验到超负荷和无聊同时并存的状态。这是因为你作为妈妈需要照顾一个脆弱的小生命，没有你他就根本无法生存。这种"照顾"占据了你一天24小时，导致你没有时间和精力关注自己的兴趣爱好。特别是在孩子很小的时候，我们都有充分的理由忽略自己的需求和感受。但是，从一开始就有针对性地保留一些兴趣是非常重要的，这样可以避免自己的"精神退步"以及过于敏感的情绪问题。毕竟，兴趣爱好是我们排解不良情绪的出口之一。

自我忽视通常会引发恶性循环。出于高度甚至过度的责任感，一个人会开始忽视自己的正面需求，直到最后无法将满足需求放在重要的位置上。同时，负面思维会引发消极情绪，而放错地方的注意力则像聚光灯一样照亮、强调那些令你感到不愉快的事情。也许你很难分辨事情的重要程度，也很难决定哪些事情可以放一放或者一带而过，于是你就会被不断的决策过程以及由此而来的焦虑压得喘不过气。所以，每天练习专注力的保持，更加有意识地体验当下，有助于你更加平静和清晰地看待自己的情况，并且在那些看似疲惫或无聊的事情中找到微妙的乐趣，这样一来，你身边的其他人也一定会注意到你的改变。

你可以思考以下问题：

– 你是否经常感到无聊和不堪重负？

– 有了孩子之后，你放弃了什么？

– 你有没有好好照顾自己？你睡得够吗？你吃得好吗？你是否经常接触大自然并经常做运动？

– 你是否在有意识地练习集中注意力以关注当下？

– 有没有什么事情是你喜欢或想做但迄今为止因为照顾孩子还没有机会去做的？

与无聊密切相关的，是一种受他人支配而又渴望自由的感觉。在下一章节中，我们将探讨这种内心挣扎的形成原因，并提出相应的建议和解决方法。

3.
在"顺从别人"和"我要自由"之间挣扎

- 妈妈也想掌控自己的生活 -

生活在一个崇尚自由和独立的社会中，自我决定权对自身成长与发展是极其重要的。从婴儿时期起，我们似乎就被灌输了这样一种观念：一个成功的人必须具备独立思考和自我管理的能力。许多成功人士的传记都生动地诠释了这个道理，他们让我们认识到通向职业独立和个人自主的道路是多么的漫长、艰辛，但同时也充满希望。因此，自主能力一直被视为一种高尚的品质，在我们从小接受的教育中不断被强化。

我在大学学习心理学时，一位讲师曾向我们讲述她在咨询实践中遇到的一个案例。

　　一位客户的日常生活完全被她的小孩、婚姻和家务所支配，以至于她已经完全失去了自我。她的日常生活由几年以前的恣意绚烂，变成了从早到晚的几点一线，甚至她的唯一任务是为他人服务，以至于她最终完全忘记了自己的需求。最让她感到折磨的事情就是她感觉自己的行动和意识完全被他人支配了，她每天唯一可以自己掌控的事情就是把右裤兜里的一个回形针放到左裤兜里，这个动作她已经坚持了几个月。每当她感到自己完全被别人支配或举步维艰的时候，她就会把回形针放到另一个口袋里。在日复一日的人生中，她感到只有那一刻是属于自己的，因为那一刻她对手中的这枚小小的回形针具有一些决定权，她可以自己决定是把回形针放得快一点还是慢一点，是把它弯曲一下还是停下来看看它。这个有意识的行为帮助她渡过了最难熬的时期，并让她确信自己是一个有能力掌控自己行动的人。

　　这个案例引人深思，它生动地阐明了一个独立的个体被他人——包括自己的孩子——所支配的压抑感有多么恐怖。

　　成为一个为孩子百分之百负责的人到底意味着什么，这远远超出了我们的想象力。虽然在刚刚成为妈妈这一角色时，你有分娩中心、产后看护和母婴指导服务的帮助，但妈妈和婴儿最终会面对独处的时刻。从此之后，你的生活将被孩子的存在和需求所支配。你曾经可以随意逛街或去餐馆享受自由的时光，但现在你需要时刻关注孩子或安排看护。

或许作为高敏感妈妈的你以前并没有意识到自由的难得和美妙，但现在你不得不围着别人转，你必须先满足他人的需求，然后才能自由地安排自己的日常生活。

无论是喂孩子吃饭还是做家务，总会出现这样的情况：刚喂完孩子就得去做下一个任务——地板又被孩子弄脏了。这也是一种令人精疲力尽的"西西弗斯式"的劳作。在希腊神话中，西西弗斯因冒犯了宙斯而受到惩罚，他终身要推着一块沉重的石头上山，但石头却一次又一次地滚下来。

在当今家庭中，家庭成员具有多样化的需求，而这些需求常常会产生矛盾，因此作为一位妈妈，你每天都只能试图牺牲自己来满足这些需求，这对你而言，无疑就是一种"西西弗斯式"的劳作过程。

- 自由源自你的内心 -

现代女性生活在一个充满机遇的世界里。媒体、新闻和广告都在告诉我们：我们可以得到自己想要的一切；我们能够轻而易举地兼顾家庭和事业；我们能够成为一个完美的妻子。但是事实果真如此吗？

当我们二十岁的时候，未来对我们而言还是充满未知、一片朦胧且充满希冀的。但在三十岁之后，我们大多数人就已经或多或少有意识地做出了自己的人生规划。对女性来说，决定是否生养孩子仍然具有极其重大的意义，即使我们坚定地要生下一个孩子，这也并不意味着我们真的能够过好有了孩子之后的生活，更不意味着我们知道生养一个孩子对于自己的人生到底意味着什么。因此，一位妈妈可能会突然意识到，当她与心爱的孩子在一起的时候，她觉得自己受到了限制并感到压抑。**感受产生于我们的内心，它是由先天因素、环境影响、社会经验、个人意识和独特的潜意识等各种因素相互作用而形成的，这些林林总总构成了我们的身份认同。**

当然，也可能有人在成为妈妈后感到无比满足快乐、轻松自在，这其中不乏一些高敏感的妈妈。但随之而来的是一段无聊至极的时期，你开始纠结：如果没有成为妈妈，你本可以过着另一种更加美好自由的生活，比如可以与学生时期的闺蜜们一起穿着性感的衣服在夜店里起舞。

这种受到压抑的自由欲望，也可能在日常情境中显现出来。一位妈妈告诉我，带女儿散步对她来说简直是一种折磨，因为女儿总是要停下来观察和欣赏目光所及的每一片叶子、每一朵花。一方面，她非常欣赏女儿对世界强烈的好奇心和旺盛的探索欲，但另一方面，她内心又极为厌烦这种走走停停的节奏。很久以来，她忽略了自己对于走路节奏的需求，以至于她在跟女儿散步时变得越来越不耐烦和紧张。

我提出了一个大胆的假设：不管你感到自由还是感到束缚，其根源都在于我们的内心，而不是外部的生活环境。我曾经遇到过一些女性，她们即使在妈妈这个身份里，也依然能够体会到最大程度的内在自由；我也曾经见过另一些妈妈，她们在这种身份下忍受着十足的痛苦。这确实与她们的高敏感天性有关。那么她们感到自由或痛苦的原因是什么呢？

我注意到，那些感到相对自由的妈妈大多能够坦然接受当下的生活现状。通过这种对现状的接纳性态度，她们能够从容地面对生活中的困难，接受现实的不尽如人意。相反，那些在生活中感到举步维艰的妈妈却常常与自己的处境对抗不休，内心因此不断产生负面情绪。

你是哪一类妈妈呢？我们在前文探讨过，我们可以通过有意识的思考来调整自己的情绪。同理，你也可以在这里提出一些有帮助性的问题。例如：

- 我觉得自己有多自由 / 不自由？

- 我可以做些什么让自己感到更自由一些？

- 假设我已经拥有了我期待中的自由，我的生活会变成什么样子？我会住在哪里？如何安排生活？有什么朋友？穿什么样的衣服？我会开什么车？有什么兴趣爱好？

- 是否有可以作为自由榜样的人？她们是如何做到的？

- 我可以从她们身上学到什么？

- 我今天可以做些什么来庆祝自由？

在我看来，许多高敏感的妈妈都有着对自由的强烈渴望，这源于她们内心深处对于平静的需求。通常，我们只有在满足了内心平静的需求之后，才能真正感受到自由。因此，重要的是找到如何让内心更加平静的方法。

如果你能学会活在当下，善待自己的身体，调节自己的情绪，注重感知自己的身体感受，放慢日常生活的节奏且有意识地去做出改变，那么你将会发现一件令人惊讶的事情：从表面上看，自己似乎没有什么太大的变化，但你的内心已经驰骋在更加宽广和自由的世界中。

所以，请你也打破自己内心的牢笼，或者至少要不断拓展它的边界，这样你将会得到更多的认同感，并走向一片超越藩篱的广阔天地。

4.

在适应与反抗之间纠结

- 高敏感者的适应天赋 -

如果你是一个高敏感且移情能力很强的人，那么在面临适应与反抗之间的两难选择时，你大概率会选择"适应"，即想要取悦他人，尽可能让周围的每个人都对自己感到满意。

许多高敏感者自幼时起就试图准确捕捉其照顾者（通常是父母和幼儿园老师）的期望和需求，并想方设法满足这些需求。如果一个高敏感的孩子发现妈妈经常压力很大、精疲力尽，那么他很有可能认为自己就是母亲糟糕状态的根源，于是就会乖乖听话，表现得不引人注目。**实际上，适应环境期望的能力是**

一种非常高的天赋。拥有这种天赋的人能够设身处地为他人着想，从不同的角度看待事物，并在与环境发生冲突时，能够主动寻求有利因素，尽最大可能缓解眼下的矛盾。

然而，不断努力地迎合环境，即使是在自己力所能及的范围之内，也会让高敏感的孩子感到难以承受的压力。

- 当适应天赋得不到认可 -

在我的诊所里，我经常遇到处于中年时期的高敏感者，他们在人生的某个时刻突然意识到，自己的前半生实际上一直在"委曲求全"，他们尽力适应环境、努力迎合周围人的期望，但他们没有想到，这种适应是以牺牲自己的需求为代价的。而更令其痛苦的是，几乎没有人会感激或是赞赏他们这种高度的适应能力。适应能力很强的人经常会认为，他们为群体和谐所做的一切努力，为适应不同环境所做的一切自我牺牲，都被别人认为是理所当然的，甚至有时候根本没有被别人注意到。在我看来，**这就是高敏感者缺乏自信心的根源：他们虽然具有极高的适应天赋，但这种天赋却得不到任何肯定和积极反馈。**

与所有人一样，高敏感者需要外界反馈来培养健康的自信心。与普通的敏感者相比，高敏感者似乎更需要积极和明确的反馈。

如果在照顾一个高敏感的孩子时，我们不能细心观察到这种现象，比如孩子表现出来的害羞和拘谨背后其实是他在努力适应环境的结果，那么这可能会让孩子渐渐关注自己的弱点，从而忽略了自己的优势。如果你小时候也有类似的经历，那么现在是时候从另一个角度来看待你的故事了。你的经历可能会让你感到伤心，甚至可能会削弱你的自信心。然而，现在你应该明白，适应环境的能力本身也是一种了不起的天赋和成就。如果你之前没有得到过别人的认可，那么如今作为一名成年女性和妈妈，是时候来认可真实的自己了。

- 如果你的孩子也有适应天赋 -

你可以更多地关注和赞赏自己，留心体会自己的价值，体验日常生活中的成就带给你的美好感受。同时，你也可以将这份关注和赞赏传递给孩子，让他们感受到自己也是可以被理解和认可的。

当然，如果你现在还不太清楚具体做法，你可以开始留意你的孩子，看看他们在哪些方面表现出了极强的适应能力。我并不认为适应能力是一项值得刻意追求的品质，我只是想提醒大家注意到高敏感者的天赋所在。

你是否给予了孩子足够的关注和反馈，并鼓励他们发展天赋呢？如果你有一个适应能力很强的孩子，我想请你回忆一下自己小时候的感受，并扪心自问自己当时最需要的是什么。这个答案很可能会指引你以一种不同的方式对待孩子。

对高敏感的孩子来说，他们最需要的通常是别人的理解。通过一些日常的举动，你很容易就能向孩子表达你可以理解他的感受。例如，你可以尝试将自己的情绪暂时搁置，去关注孩子的情感，你可以说，"当爸爸妈妈吵架时，你很难受，对不对？"或者"现在这里太吵了，你感到很不舒服，对吗？"你还可以每天花点时间和孩子聊聊，设身处地感受他的真实情感。

- 如何保持内心平静 -

即使你的孩子在嬉闹尖叫，作为一个成年人，你同样可以保持内心平静，避免自己的感知以及孩子的行为对情绪产生负面的影响。实现这一目标的前提是，你能意识到你已经不再像小时候那样单纯受情绪支配了，而是拥有了自我控制情绪和感受的能力。实际上，在成长的过程中，你已经在不停地锻炼这一能力，因为每当你努力适应新的环境或尝试与陌生人相处时，你都会相应地根据环境或对方调整自己的的行为。对你来说，这种适应能力已经如此的自然而然甚至是得心应手了，以至于你没有意识到这是一种需要后天训练的能力。同样地，你也可以通过后天训练习得其他重要技能，比如让自己与情绪保持距离，即客观地认识情绪，并培养可以自由从情绪中抽离的能力。这意味着，你需要弱化自己的内心感受。

许多高敏感者过于在意自己的内心感受，当然，这有两个原因。第一个原因是，他们可能从小就特别关注自己的内心感受，一方面是因为他们的感知能力一直很强，他们在日常生活中几乎被各种感知感觉、细节观察和身体反应所笼罩，以至于他们需要全神贯注应对这些内在感受；另一方面，他们渴望获得别人的认可，但是这种基本需求没有得到满足，这使他们认为自己的敏感特质对父母而言也许是种麻烦，从而感到更加孤独。他们在向外寻求支持的过程中体会到挫败感，所以就开始倾向于向内探究。因此，内心感受对他们来说变得异常重要，这是完全可以理解的。

过于看重自己的内心感受的第二个原因是，大多数高敏感者非常珍视他们的内心世界。因为在与外界接触时，他们会感到紧张，而当独自一人时，他们就可以自由地探寻内心丰富的情感世界，沉浸在自己的哲学观和改造世界的思想中，这令他们感到非常轻松愉悦。但与此同时，他们也明白自己似乎有点"离经叛道"，却又不能将这种情感向任何人倾诉，因为他们害怕遭到别人的拒绝和嘲笑，或者不想体会被别人忽视的感觉。要知道，对那些感受极为敏锐的高敏感者来说，不被重视的感觉可能跟否认自我的存在一样糟糕。

我在咨询中多次发现，许多高敏感者都不知道其实自己可以积极地控制感知。他们长期以来一直对此感到无能为力，以至于几乎放弃了改变的希望。在咨询中，唤醒他们自主的力量通常非常困难。但是，一旦高敏感者能够通过一些极其微小的举动认识到他们也能掌控并改变自己的生活，通常就可以打破这一阻碍。尤其是高敏感的妈妈，她们经常对自己的世界观坚定不移，坚信自己已经到了走投无路的地步。高敏感者往往拥有过于宏大的目标，所以不相信只要调整自己微小的行为就能有效地缓解压力。

我在与许多敏感的妈妈的交谈中发现，她们普遍希望自己在面对生活中的种种不如意时，能够表现得更加从容自信。当我问她们从容的具体表现究竟是什么的时候，她们通常在思考之后告诉我："嗯，比如我能够时刻保持冷静，不再把一切事情都看得那么重要。"冷静和从容是崇高的目标，无论是否高敏感，所有人都希望自己能达到这种境界。

然而，大多数人缺乏这样一种意识：想要更加从容地通往成功的道路，往往需要从眼下最微小的改变开始。比如当你感到难以控制自己的情绪时，你可以尝试专注于自己的呼吸，心里默数到十，然后再对现状做出反应；或者向对方直接说明，你需要一些时间来明确自己的意见；又或者不再把一天过得满满当当，而是有意识地安排独处或休息的时间。你还可以尝试放慢脚步，专注体验当下的一草一木，因为人们往往因为过于关注远处的目标而忽略了这一事实：其实你已经向着那个目标走出很多步了。

- 高敏感者的过度适应 -

对高敏感者来说，他们常常会因为努力适应环境而失去自信。**他们倾向于高估他人而低估自己。在他们眼中，自己的表现通常比其他人差**。在别人眼中，高敏感者的行为也许并不清晰也缺乏条理，有时甚至让人感觉相当混乱。所以只有当高敏感者学会把自己的高度感知能力视为优势，他们看似不切实际的一面才会获得个人和社会价值。

高敏感者不自觉地过度适应环境，导致他们会陷入将自己与普通人比较的旋涡，他们会不断地问自己怎么做才是最好的，但这种比较就像是将苹果与梨子进行比较一样。**因此，高敏感者必须认识到，恰恰是高敏感的天性特质，使他们真正地与众不同**。感觉自己有点"不合群"或者与别人有些不同，是完全正确的。你们确实不一样，因为你的感知要比其他人强烈得多，你们有着不同的生活目标和社交需求。

一旦意识到了这些事实，你就会发现这种观点可以为你带来巨大的解脱。因为这种认知意味着，你可以不必再拼尽全力适应突如其来的新环境。相反，你可以更多地强调自己高敏感的特质，让它更加强大和耀眼，让它成为你超出他人的一种天赋，给你的生活带来更加充实且积极的体验。

树立起这样的自我认知要求高敏感者学会表达自己，学会展示自己的思考能力、反思能力和性格差异，同时也意味着他们要敢于展示自己的方方面面。只有当高敏感的人能够客观看待自己的情绪并给予自己足够的安静和活动空间时，他们才会逐渐形成一种自信心，而这种自信心能够让他们坦然地接受自己的不完美之处。

如果你发现自己一直在过度适应环境，不太关注自己的真实需求，并想获得更多的自信，那么我建议你思考以下问题：

– 当你还是个孩子的时候，你是如何适应周围环境的？

– 你当时为了满足他人的期待，而放弃了哪些愿望？

– 你周围的人如何对待你的敏感特质？

– 当作为一个孩子时，你真心需要什么？最希望得到什么？

– 你有没有想过自己目前有哪些非常迫切的需求？

– 是否有人（如朋友、老师）欣赏你的个性？

- 高敏感者的叛逆倾向 -

除了过度适应的特点之外，许多高敏感者还表现出另一种倾向——叛逆。我认为，他们的性格呈现叛逆、矛盾的现象，并因此产生攻击性反应，也可能是他们过度适应环境的结果。因为在这个过程中，他们一直在努力压制自己的意见，不断否定个人价值，最终这些负面情绪就会像一个压力过大的高压锅一样突然"爆炸"。在内心深处，你可能早已对你朋友的说话方式或是孩子对你的不尊重行为感到不满，但为了和平，你却一直保持沉默。然而，那些被你刻意、长期忽视的重要需求却不会因为沉默而消失。这些负面情绪会在某个时候开始积聚，最终一触即发。

从根本上来说，每个人都期望被别人尊重和友善地对待，这无疑是正确的。但是如果你试图否认自己适应环境的努力，并且只能通过情绪爆发来释放内心的紧张和不满，这就会对自己的身心产生不利影响。在我看来，最好的方式是每天做一两件与你的身心完全一致且和谐的小事，在这个过程中，诚实地面对自己的感受，体验与自己和谐相处的感觉。

你可以通过回答以下问题来思考自己的叛逆情绪：

- 当你感到愤怒和叛逆时，你是否知道你真正想对抗的东西究竟是什么？

- 最近你的哪个需求被严重忽视了？

- 哪些事情能让你变得更加从容冷静？

- 假设你已经完全接纳了自己高敏感的特质，那么你会如何与家人和朋友相处？你会选择从事不同的职业吗？你与孩子的关系会是怎样的？你会如何穿着打扮以及如何选择自己的兴趣爱好？

- 专注于自己的非凡天赋 -

请尽可能具体而深入地思考你的答案，因为只有确切了解目标后你才可以制订具体的行动计划。千里之行始于足下，只有通过具体的行动和不起眼的步骤才能实现改变！

如果我们把高敏感者的生活想象成一架天平，那么天平看起来是失衡的，因为消极的一端往往比积极的一端重得多。我们生活中的负担、忧虑和沉重思绪都会为这一端增加重量。然而，当我们把注意力都集中在负面的这一端时，常常忘记了另一端的客观存在。实际上，专注于天平的另一端也是值得的，尽管那一端此刻看起来似乎还很轻，但是那里有轻松、愉快和积极的情绪，正是这些东西才能够不断滋养我们的内心。

作为一个高敏感者，你已经具备了非凡的天赋。即使你目前可能没有意识到这一点，但我相信世界上总有一个位置是专门为你而设的，因为你是世界上独一无二的存在。

的确，在妈妈的身份里，我们很难相信自己在育儿之外的领域中也具有宝贵的价值，即便是那些在艺术、商业等领域有所建树的妈妈仍然会受到别人的质疑："她能取得今天的成就注定会有所牺牲。孩子们的成长会受到影响吗？她是不是会经常忽视自己孩子的感受？"还有很多其他类似的问题，明里暗里困扰着这些妈妈。总之她们经常受到其他人的贬低。但是请大家试想一下，如果一位妈妈具有卓越的专业才能，难道她应该放弃这些而待在家里相夫教子吗？这本书不是讨论这个宏大的社会话题的地方，但可以肯定的是：**许多妈妈之所以对自己现在的生活感到不满意，是因为她们并没有发挥出自己的才华。**解决这个问题的关键是找到适合自己的道路，不要让他人的要求或者期待影响自己内心的平静。

5.
在积极活动与想要休息之间纠结

- 高敏感妈妈为何纠结 -

要理解高敏感的妈妈为什么经常处于紧张状态这个问题，就必须认识到非常重要的一点：人体内存在着相互对立的力量。一方面，人类有着对积极活动的渴望，他们对丰富多彩的活动感到兴奋，有时甚至会因此觉得生命太短暂，无法在既定的人生时限里完成所有想做的事情；但另一方面，人类也有着强烈的休息需求，这种需求让我们有时候渴望像隐士一样过着宁静的独居生活。**每个人身上都存在着相互矛盾的两个极端，但高敏感者尤其会在积极活动和需要休息两个选择之间摇摆不定。**

因此，在很短的时间内，你可能会期待着今晚与一个闺蜜见面，实现畅聊 24 小时的愿望；但过了半小时，你可能突然更想泡个澡，看一本好书，然后早早地上床睡觉。

有个年轻的妈妈告诉我，她很喜欢攀岩。她经常在早上就计划着吃完晚饭去攀岩馆，但到了下午两点，她又突然不想去了；到了三点，她又开始期待攀岩；四点时，她又想取消预约，比起攀岩她更想在电视机前喝一杯葡萄酒；到了五点，她还是不知道自己真正想做什么；最终在六点的时候，她才终于站在攀岩馆里，又或者压根直接没去，根本没有完成早上的计划。

在我的诊所中我经常遇到一些高敏感者预约咨询之后在最后一刻取消预约的情况。我发现这个现象是高敏感者的典型特征，并且似乎是由上述两种力量的相互拉扯造成的。周围的人虽然不理解这样的纠结状态，但是对高敏感者来说，在积极活动和需要休息的状态之间摇摆不定，令他们非常疲惫。

高敏感的人通常是冲动驱动型人格，因此他们的行为倾向于遵循这些冲动。这时高敏感者的复杂性就显露出来了：一方面，他们倾向于听从自己内心的冲动；另一方面又很难即时响应外界要求，如在休息之时突然收到的邀请或电话。这种感觉就像在同时踩油门和刹车。他们每天都需要在活动状态和休息状态之间做出选择，如果选择踩油门（即保持积极活动的状态），他们常常会感觉受到了过度刺激，身心超负荷地前行着；

但如果选择及时刹车（即满足内心休息和撤退的需求），他们又会觉得自己将错过生活中的很多机会。这是一个多么棘手的困境啊！

有个参加研讨会的学员讲述了这样的经历：当她还在读大学时，她和 20 个同学一同住在一所大型公寓里。在每个星期天的晚上，她们所有人都会在公共厨房一起聚餐，这对大家来说已经成了一种固定"仪式"。这位学员同样也很喜欢这些聚会，也会在聚会过程中与室友们亲切交流，甚至有时候这些聚餐会一直持续到凌晨两点。尽管她对聚餐整体上感到满意，但在聚餐之后的第二天，她总是会失眠，醒来之后也会头痛，只能选择躺在床上让自己的身体获得充足的休息。总的来说，她每次都需要两天的时间才能从过度刺激中恢复到日常的平静状态。

这个故事表明，即使是你喜欢的事情，也可能会对你产生过度刺激，因为它可能与你当时的身体需求相冲突。显然，你想做的事情和你的身体允许你做的事情常常相互对立。你可能对某件事有着强烈的愿望，想要不顾一切去完成这个心愿，但你的身体却向你明确地发出了停止的信号。

在做决定时，人们往往以享乐主义原则为导向，现在最重要的事情是要识别，为什么你没有做这些事情的欲望。是不是你注意到自己的身体已经疲惫不堪了？或者你在内心深处可能想要拒绝与某些人的沟通？又或者你只是需要一个独属于自己的宁静夜晚？问问自己的内心，诚实地回答这些问题，它们可以帮助你获得内心深处的指引，意识到你自己真正喜欢和需要的东西。

- 适度的自我调整与奖励 -

从本质上讲，高敏感者倾向于将享乐放在很高的优先级上，这也是对渴望自由的一种表达。有些人认为自由意味着可以做任何自己想做的事情，而所有横在他们眼前的障碍物都在阻止着他们实现这一目标。**在我看来，追求自由意味着充分发展自我。但人们在发展自我的过程中并不总是随心所欲，而是需要进行适度的自我调节。**例如，在实际生活中，如果你觉得自己在为人处世过程中过于被动和拘谨，那么你可以考虑在生活中偶尔添加一些小冒险，或者问问自己，除了比较熟悉的朋友之外，你还希望邀请哪些人参加活动；在与孩子的共同生活中，这可能意味着需要你更加积极地建立新的社交联系，比如结识更多一起带孩子散步的妈妈。

人际交往中也会出现这样的情况：也许你属于外向型的高敏感者，你喜欢有很多人围在你身边，你也很擅长组织很多活动，也很容易与陌生人在短时间内建立较好的人际关系。尽管如此，你依然很容易被过度刺激所困扰。针对上述情况，你可以在自己身上做一个实验：为自己安排一个一周的活动计划，好好照顾自己的身体，并寻找适当的平衡点，当然，你也可以适当地减少一些社交活动，以期在活动状态和休息状态之间找到平衡。这将是一个有益的尝试。

要摆脱享乐主义的"桎梏"并不容易。不遵循享乐主义的行为一般不会让人体会到受到"奖励"的感觉。然而，你的高敏感灵魂又在深处渴望着能获得一些回报。因此，当你开始脱离享乐主义并尝试进行自我塑造时，学会适时给予自己奖励是非常重要的。例如，当你比昨天能够更成功地坚持自己的意见时，当你对自己和孩子更有耐心时，或者当你能够勇敢表达自己的真实想法时，你可以大方地奖励自己，比如给自己买一束漂亮的花，或者买一瓶专属的沐浴露。这样，当你每次看到这束花或使用这瓶沐浴露时，你就会意识到你在自我成长的道路上又迈出了重要一步。

- 高敏感：灵活又不灵活 -

如果你属于内向型的高敏感人群，你可能会对突如其来的变化表现得过于谨慎和害羞。高敏感者相对缺乏灵活性，这在很大程度上与他们谨慎和害羞的个性有关。新的约会、日程变更，甚至与邻居之间不经意的接触……这些看似日常生活中微不足道的小事都可能让高敏感者感到危机四伏，因此许多高敏感的人也倾向于避免社交。他们通常需要数年的时间才能对友谊建立足够的信任，进而他们才会真正敞开自己的心扉。在上述社交场景中，高敏感者可能会在接下来的几个小时内反思事件的每个细节，回味每个人的细微表情和说话语气，然后思考自己本应该如何做才能更好，并细细体会自己的感受。这种内省往往导致他们对某种情况的反应十分滞后，具体的表现就是他们"事后才能想到一千句当时本可以反驳他的话"。

其实，当高敏感者需要从新的角度去思考问题、参与对话，并提出创造性的解决方案时，他们也可以表现得非常灵活。不过，每个人都渴望获得最大程度的安全感，而对高敏感的人来说，通常只有在预先考虑了各种可能发生的情况时，他们才会感到安全，因此，突如其来的新变化或新事物所带来的不确定性很容易打乱他们的思想并搅动他们的情绪。

- 在禁锢与自由间挣扎的妈妈 -

那么对高敏感的妈妈来说，这一切意味着什么呢？孩子们的想法和行为是很难预测的，尤其在幼儿阶段，他们的运动欲望通常非常强烈。当他们开始探索世界时，并不是所有的情况都在大人们的意料之中。**对非常需要回避和安静的高敏感妈妈来说，这种不确定性更有可能被视为一种严重的威胁，从而导**

致她们在与孩子相处时持续处于紧张的状态。

她们的内心可能会出现这样的思考过程：为了把这种不安全感保持在可承受的范围内，她们会让孩子大部分时间都待在家里，让孩子尽量在熟悉的环境中活动，以此来保护自己免受更多的不确定性的威胁。然而，与此同时，她们内心又会感到无聊，因为日复一日地待在家里，就意味着几乎不会发生什么特别的事情。

这种或紧张或无聊的矛盾感使得高敏感妈妈陷入了两难境地：如果她们选择冒险与孩子一起探索新的环境，例如参加早教班或者婴儿活动，她们就必须接受无法预见的情况以及由此带来的后果，这常常会让她们感到焦虑不安；但如果她们只打"安全牌"，就会因为内在的好奇心得不到满足而感到非常无聊。此外，她们还必须承受作为妈妈的罪恶感，因为她们深知自己应该为孩子提供激励的环境或社交的机会。大多数的育儿书都指出，早期的社交对于儿童的社会心理发展至关重要。所以问题在于：高敏感妈妈是应该选择肩负起责任，为孩子的良好发展提供最佳的环境条件，还是应该坦然接受自己无法控制的恐惧感和持续的紧张状态呢？

想象一下，原本的你性格洒脱恣意，但因为一个小生命的存在和他的需求，你感到自己被困住了，做事情也束手束脚，无法按照自己喜欢的节奏和愿望生活，并且可能会持续很长时间，甚至是永无止境。当你发现你失去自由时，你的对策就是熬夜，你不愿意一天就这样过去，所以你选择在夜深人静之时弥补白天被困住的自由。这就导致你每天总是睡眠不足甚至造成恶性循环。对你来说，自由与否取决于你是否能够按照自己的心愿支配自己的活动内容和时间。你遵循内心的冲动，又害怕外界的不安，你不断地踩下内在世界的油门和刹车，所以在做很多事情时都缺乏灵活性，反应慢半拍。总的来说，这可能就是你目前的状态。

- 从诚实地自我评估开始 -

那么，如何摆脱这些内在的紧张状态？如何巧妙地操作"油门"和"刹车"，使自己顺利到达目的地呢？如何处理这些看似矛盾的情况，使高敏感者能够与自己真正和解呢？对高敏感的妈妈来说，重要的是及早意识到自己行为的深层原因。如果持续几年，当上述的情况已经成为常态后，当自己的需求长期得不到满足时，那么这些悬而未决的内在问题就会逐渐凸显出来。其结果可能是破坏性的，妈妈可能逐渐对孩子充满愤怒和怨恨，甚至出现自我攻击的行为。随之而来的可能是她们的婚姻也会陷入危机，这种情况并不少见。因为配偶无法理解这种变化对妻子的身体和心理所造成的影响，而妻子自己通常也没有意识到这一点。这可能导致夫妻二人相互指责，渐渐疏远。

因此，诚实全面地进行自我评估非常重要。请注意留心观察自己的行为方式、思想观念和情绪状态。例如，对一些高敏感的妈妈来说，承认自己对孩子并不总是充满爱意这个事实，可能会令她们感到内疚、难堪，甚至震惊。但只有正确意识到这一点，你才能在一些冲突情况下更好地理解自己的行为，从而做出恰当的调整。这对于你的情绪和孩子的成长而言都是十分有益的。

思考以下问题可能对你有所帮助：

－你内心的"油门"（活动状态）和"刹车"（休息状态）分别占多大比重？

－你是否经常遵循自己的意愿或冲动行事？

－你更倾向于"刹车"（休息状态），因为你想放松平静；还是更喜欢"油门"（活动状态），因为你不想错过任何事情？

－你在生活中是否会进行一些小小的冒险或者新的尝试？

－你是否会因为受到过度刺激（例如觉得事情太多、太麻烦）而取消重要的预约？

－即使你做的事情并不多，你是否仍然感到自己的生活令你应接不暇？

－你是否由于孩子的存在而感到无法再自由地探索世界？

- 你是否在日常生活中保持着好奇心？例如关注新书、新的电影，观看国内外时事和有关文化的报道等。

如果你回答完了以上问题，那现在是时候回答高敏感妈妈的一个核心问题了：如何在受到限制的情况下合理地定义、保护并发展自我？

6.
你的自我边界在哪里？

- 自我边界的意义 -

边界标志着主权领土的范围，可以为人们提供清晰的、结构化的界限。作为人类，我们天生具有边界感，这有助于我们清楚地认识自己的主体任务，使生活变得有目的、有重点、有意义。同时，边界也使我们保持谦逊，反思自我，并让其他人意识到，尽管拥有各种发展的可能性，但他们也只能在特定的条件下行动。

在与高敏感者的接触中，我经常遇到一个核心问题，那就是边界问题。这种现象表明，高敏感者通常对自己的边界了解得不够清楚。**由于他们总是努力适应环境的期望，许多高敏感**

者在无形之中很早就越过了自己的边界，或者能够清晰地感受到他人侵犯了自己的边界。这些经历会在高敏感者的机体中引起巨大的焦虑。因此，高敏感者需要以恰当有效的方式设定自己的边界，并严格守护它们不受侵犯。我赞同罗尔夫·塞林（Rolf Sellin）的观点，他认为个体的边界不是偶发性的主观判断，相反，它是非常真实的存在。

我们的身体本身就是有边界的，它是一种客观存在的事物，尽管有时我们想努力摆脱自己的身体束缚，但我们无论如何都无法从皮肤中挣脱出来。如果你很难感知自己的身体边界，那么你可以从现在开始，在思考边界问题的时候把身体功能的问题也纳入其中。我们的身体非常聪明，它了解自己的潜能，它会在我们失去能量时向我们传递可靠的信号，比如在长时间劳累过后我们的身体会感到无精打采，产生偏头痛、胸部压迫感或类似的症状。如果人们长期无视自己的身体边界，甚至一再挑战身体边界，那我们的身体就会发出生病的信号，提醒你需要及时退至边界范围之内，以便更好地保护身体、养精蓄锐。

- 了解与接受自我边界 -

对高敏感的人来说，有一点非常重要：千万不要将自己与那些超出你能力范围的人进行比较，这种比较既包括体能层面的，也包括智力层面的。在某些领域中，你的能力边界可能比在其他领域中更为狭窄，即你可能并不擅长某些事情，这是完全正常的现象，并且从我们生活经历的角度来看，"不擅长某事"本身就塑造了一个人的特点。例如，也许你在体育课上的体验对你造成了心理创伤，因为其他同学总是能比你跑得更快，也更有力气，老师也对你的体育才能表现出不屑的态度，因此你断然不会将运动视为一件令人愉悦的事情。这就可能导致你对自己的身体边界界定得非常严格，不愿意尝试新的体育运动，也不愿意参加冒险性的活动，更没有信心增强锻炼，因为你的身体无时无刻不在告诉你，它不强大也不可靠，所以你更加笃定地认为自己在运动方面与其他人相差甚远。

许多高敏感者的心理活动与自己的身体功能有着复杂密切的关系。由于他们的身体像地震仪一样敏感，能时刻感知到身体的异常，因此他们能够立刻接收到大脑的信号，之后会感到身体不舒服。他们希望身体能够时刻保持健康和平静，所以身体传递的信号会被他们认为是一种麻烦。然而，正是这些信号才能让我们知道自己的边界位于何处，最大限度又在哪里。因此，高敏感者要做的第一步就是利用自己敏锐的感知能力，关注身体发出的求救信号。仅仅感知而不对这些信号进行任何评价，是了解和接受自己边界的基本前提条件。这要求人们对于自己的身体和它所发出的信号有十足的信任。同时，你还可以观察你的身体在与某些人接触时有什么反应，有些人会让我们感到边界受到了侵犯，有时可能只是因为他们说话的声音很大。

从自我发展的意义上来说，逐渐试探并触及自己的边界是有价值的。如果我们从未挑战过自己的极限，我们就无法知道自己的潜力有多大。在身体层面上，触及自己的边界可能意味着要开始计划一次徒步旅行或开始慢跑，认真感受自己的身体在什么状态下会有强烈的疲劳感；而在心理层面上，这意味着允许自己内心有不同的想法存在。高敏感的人往往会将自己的边界设置得过于狭窄或过于宽广。如果设置得过于狭窄，你就会发现自己身受束缚，几乎被控制得无法呼吸，世界对你而言变得狭窄、吝啬且冷酷。但是，如果你的边界过于宽广，你就会感觉不到自己的重要性，甚至无意中忽视了自己的存在，导致你在生活中无法集中精力、专注于当下，并且感觉到自己不得不与很多人共处在一个拥挤不堪的逼仄空间内。

- 当个人空间被侵犯 -

当感受到边界被侵犯时，大多数高敏感者会有非常激烈的反应，这种攻击性让他们此刻看起来并不小心谨慎，不像高敏感者应有的那种样子。这种突然发生的情绪变化对周围人来说可能难以理解，对当事人自己来说也会感到无助、疲惫。因此，作为一个高度敏感的妈妈，一分钟之前你可能还在和蔼可亲地看着孩子们玩耍，而下一分钟就突然感觉到一切似乎都"太过头"了：太多动作、太多噪声、太多接触。因此，你会在这种情况下突然感到烦躁和愤怒。但是，假如你能时刻注意自己的边界范围，有意识地调整自己的状态，那么在15分钟之前，你或许就已经意识到自己的变化了：身体正在变得紧绷、内心逐渐升腾起不安和焦虑的情绪，你开始无意识地咬紧牙关。如果那时你能将注意力集中在身体感知上，进而有意识地放松，你就会发现自己有能力采取积极的行动去改善当时的情况和处境，也就不会等到压力蓄积到无法承受时突然爆发，给你带来更大程度上的伤害。

你是否曾经注意到，当有人离你太近时，你会感到不舒服？我的意思并不是指无意中的身体接触或者其他形式的侵犯，而是日常生活中普遍的对于身体空间的感知，只有当这个空间受到侵犯并影响到我们时，我们才会注意到它的存在。想象一下下班后你乘地铁回家，尽管地铁上还有其他空座，有人却紧挨着你坐了下来；或者你在超市排队结账时，后面的人靠得太近，以至于让你感到有种压迫感。这样的日常场景会让大多数人感到不适。这是因为我们在与其他人相处时，都会保持一定的距离。人们都试图在自己周围留出一定的空间，这个就是所谓的

"个人空间"。如果有人贸然闯入这个区域，我们通常会感到不舒服。

当然，在有些情况下，我们也会允许别人的靠近，比如在聚会中或满座的篮球场馆里。在这些时候，我们会调整我们的个人空间，允许陌生人比平时更大限度地接近自己，而我们也不会感到特别不适，那是因为我们认为这是符合情境的。在公共交通工具上，我们通常会优先选择旁边无人的空座，其次才会选择坐到陌生人旁边，这都是我们对个人空间的要求。

高敏感的人非常重视保护自己的个人空间。当他们因此感到局促不安时，很快就会变得易怒和不悦。因为让另一个人靠近自己，对他们而言意味着不可避免会感知到对方的气味、当前的情绪状态以及对方的气场。高敏感的人会因为这些感知而受到过度刺激，这让他们内心十分不舒服。他们会变得焦虑、紧张和不安，并试图以某种方式恢复自己的舒适感。如果情况允许，他们通常会退后一步，移开视线，或者采取一种防御性的身体姿态。

但对于高敏感者而言，这些保护个人空间的行为也可能会触发很多不愉快的思考。如果我们意识到自己主动刻意地拉开了与对方的距离，并以慢镜头回放这个过程，我们可能会这样想："现在我转开了脸，他一定会感到受伤吧……他能察觉到我对他的靠近感到不舒服吗？我们之间会不会因此产生矛盾？我能承受这种后果吗？与其产生矛盾，那还不如忍受这种令人不适的亲近。我不知道该怎么说出我的感受，我完全无法直视他的眼睛，但我觉得不看他又很失礼……"然而，通常情况下，我们不会有意识地去觉察这些感受。它们更多地以身体反应的形式表现出来，如心跳加速、手脚发麻、忽冷忽热、颈部和肩部僵硬。

了解了这种联系之后，我的一位咨询者告诉我："现在我终于明白了，为什么每当我四岁的儿子黏在我身上时，我都会感到那么紧张，会对他发火，甚至想打他一巴掌。原因就在于我必须不断面对这种让我十分抗拒的亲近，他黏在我身上，导致我无法保护自己的个人空间。"

- 孩子侵犯了妈妈的边界 -

上面是一个简单而又苦涩的认知，需要很大的勇气才能诚实面对，因为恰恰是我们的亲生孩子让我们感到个人空间被侵犯。我们明明那么期盼孩子的到来，他们拥有着最天然的纯真特质：幼稚可爱、旺盛的好奇心、不顾一切的勇气和对父母无条件的爱。小孩子的思想单纯简单，他们无法感同身受成年人的想法，他们只是义无反顾地将自己小脑袋里天马行空的想法直接付诸行动。但是，他们却能凭借直觉感受到我们不易被人察觉的紧张、茫然、不安和烦躁，当然也能感受到我们的轻松、满足和对生活的热爱。

不同性格的孩子对待个人空间的方式各不相同，这个空间区域是在孩子的成长过程中才慢慢形成的。**在孩子生命的初始阶段，他们意识中的自我和他者之间几乎没有明显的区别，通常需要三年左右的成长时间，孩子才能意识到自己是一个独立的个体，并有意识地说出"我"这个词。**在这个时候，他们的个人空间就开始形成了。

有时我们可以观察到，孩子对于自己不喜欢的肢体接触会产生防御反应，有些孩子会拒绝跟幼儿园老师握手，拒绝被陌生人抱起或拒绝亲吻外祖母等。尽管还有其他原因，但从保护个人空间的角度来看，这种防御行为是很自然的，特别是当孩子受到陌生人的对于个人空间的侵犯时，他们是非常敏感的。但在亲密型的家庭环境中，情况则可能会有所不同。在这种家庭氛围中成长起来的孩子可能会寻求更多的肢体接触，他们很少想要防御你的亲近或者主动远离你，常常在你的身旁跑来跑去，有时你感到自己就像一只笨重的鹳鸟，必须小心翼翼、瞻前顾后地移动，以免撞到或者踩到孩子。几个小时后，你可能会感到非常疲惫，因为你不断被迫放弃自己的个人空间。

我仍然记得当我抱着我的小女儿玩耍时，她的哥哥在我的身上、头发上和衣服上乱扯，那时我感到难以忍受。

有时候我的头脑里会突然冒出一种可怕的想法，想要踢开孩子和周围的一切，从而确保给自己留出必要的空间。当我被孩子围绕时，我有一种窒息的感觉，几乎感到无法呼吸。过后我又会内疚不安，胸口有一种强烈的压迫感。因为我怀着最美好的善意成了妈妈，认为自己会做得很好——至少跟我自己的妈妈截然不同。而现在的我却发现自己对孩子竟然会有这样恶毒的念头，难道我不是一个好人吗？我不是一个好妈妈吗？难道我其实并没有做好当妈妈的准备吗？难道我读了那么多关于怀孕、分娩和育儿的书籍还不够吗？如果我对一切都有足够充分的准备，那我怎么可能在面对孩子时，仍然抱有这样攻击性的冲动呢？

每个与我交谈过的高敏感妈妈都有类似的经历。我们的的确确感到孩子侵犯了自己的边界，而当我们坦白地说起这种经历和感受时，通常都是小心翼翼、充满内疚的，这也貌似成了一个妈妈们不敢宣之于口的禁忌话题。但事实是，你必须早日意识到自己的边界范围，才能做出恰当的反应。

- 你需要长期稳定的人际关系 -

为了让妈妈们不再轻易产生内疚感，我想要在这里分享一个经验。由于孩子侵犯了个人边界，高敏感的妈妈可能会因为受到过度刺激而大发脾气，甚至很可能失去控制。她们会在短时间内经历一种失控状态，很难回归自身。在这种危险的状态下，她们往往会不可控制地做出摔东西、言语攻击甚至一些暴力行为。突然间，仿佛所有的"枷锁"和"规则"都被打破了，她们被日夜束缚的内心也突然挣脱出来。高敏感的人会做出自己意想不到的事情，了解自己内心的黑暗面其实也有助于保护自己的边界。

因此，我们有必要去保持并维护一到两个长期稳定的人际关系，这些人应该是你知根知底且可以坦率交流的人。然而，我们也有必要检查一下现有的长期人际关系是否仍然适合自己目前的生活方式。你可能已经发现，与某些人的相处有可能会占用你的精力，你与他们社交过后往往会感到精疲力尽和烦躁。而跟另一些人在一起则会让你感到如沐春风，你在与他们的交谈后感到心灵重新振奋，精神得到滋养。那些我们从童年时代就建立起的关系中，有些其实是不成熟的，并且无法取得成长型的长足发展。

当我客观地审视我和学生时代的闺蜜之间的关系时，我突然意识到这一点。我的未婚夫在结婚前梳着长发，正在积极地寻找工作机会，她很不屑地告诉我，像他这样留着长发很难找到工作。当她做出这样的评价时，我对传统规范的反感情绪立刻被刺激起来，因此反应十分强烈。我认为每个人都有权利维护自己的生活方式和审美观念，这当然也包括发型。这次的矛盾最终让我们不欢而散。之后我意识到，当我们走出学生时代时，我们的思想并没有同步成长，她仍然像学生时代一样，保持着非常保守的态度和传统的价值观，而我已经随着自己的成长，跟那些想法和观念渐行渐远了。最终，这种认识上的差异导致我们关系逐渐疏远，慢慢便失去了原有的亲密联系。这是很自然的事情。

假如你们从学生时代就是好朋友的话，可能会对彼此有一种狭隘的看法，比如你的闺蜜知道你有一个特别专制的爸爸，她可能会将你成年后做出的所有行为都归因于此，这种看法显然是不准确的。**对一个高敏感者来说，如果他的朋友没有对自己作为成年人所具备的特质表示认可，他们就很容易因此感到受伤。**所以，我并不是在建议你轻易地终止一段关系——高敏感的人有时会因保护自己而做出这种极端反应，但坚持经营一段对你明显没有益处的关系也没有太大意义。

- 尝试拓展自我边界 -

在之前的讨论中，我们提到了关于保护个人边界的问题。如果你正在思考自我边界的问题，那么可以从两个方向进行探索：一是保护自己的边界，这十分有助于我们在成长过程中获得良好的感受；另一个是拓展自己的边界，这也是个人发展至关重要的一部分。

在这里需要注意的是，为了取得持久的效果，无论是保护还是拓展，都不可操之过急。我们应该尽量避免给自己施加过度的压力，因为你的身体可能需要一些时间去适应思维上的改变。在拓展自己的边界时，我建议你首先从谨慎地迈出一小步开始，有意识地观察自己在这一过程中哪怕是最微小的感受变化。当你开始关注自己的边界并思考如何扩展它时，就像考取驾照，你将体验到"象牙塔之外的广阔"之感。我相信我们始终拥有选择的自由：我们可以选择做一个将自己困在象牙塔中的小公主，也可以选择暂时离开象牙塔，去探索外面的世界。过度退缩会阻碍个人发展，**适时向自己提出一些合理的要求和挑战，也是一种对自己表达高度尊重的形式**。在与孩子们的相处过程中，这些新的尝试可以帮助你更快地识别此刻自己的边界是否受到了侵犯，从而做出更恰当的反应。

在扩展自己的边界时，你会惊讶地发现，有时候一些微小的改变就足以帮助你扩展自己的边界。例如，你可以更频繁地关注自己细微的呼吸，不论你正在做什么，你都可以有意识地深呼吸并思考"我在此刻自由地呼吸着"，并在内心需要时反复做这个小练习。当你的孩子下次再黏到你身上并让你感到窒息时，你可以有意识地深呼吸并延长呼气的时间。这样做的效果是，通过长时间呼气，你可以将外界的事情暂时"推远"一些，从而保持一定的距离感。这种距离感对于保持自我非常重要，它可以帮助我们免受过度刺激的影响。

呼吸练习不仅可以作为一种应急方案，还可以作为一种意识训练，可以帮助我们集中注意力并保持距离感。高敏感的人有时会表现出攻击倾向，我认为这源于一个事实：当他们意识到自己的边界受到侵犯时已经为时已晚，并且此刻的他们不知该如何应对。结果，当无路可走时，他们常常盲目发起反击，这使周围的人感到困惑和不安，认为他们本身就喜怒无常。因此，一方面高敏感者需要提高对于自身边界及其被侵犯程度的自我意识，另一方面是需要尝试并找到最适合自己的各种方法和工具，这些工具可以是身体、语言和心理层面的。

以下是我在与高敏感者的接触中学到的一些非常有用的方法：

身体层面：

– 呼吸练习，如上所述

– 精神集中练习

– 冥想

– 放松练习

– 缓慢行走，有意识地运动

- 培养身体感知能力
- 注意健康饮食

语言层面：

- 学会及早说"不"
- 重视并表达自己的需求
- 谈论并表达自己的真实感受
- 参加沟通课程，例如 M.卢森堡的"非暴力沟通"

心理层面：

- 通过阅读好书、旅行、参观展览等拓宽视野
- 寻找榜样
- 找到能够补充能量的港湾
- 让积极和正向的思维进入内心
- 允许自己拥有内在的自由
- 接受自己的生活现状

总之，我们可以做的事情有很多。鉴于我对高敏感者的深刻了解，我也想提醒你：不要给自己太大压力，不要试图一下子完成所有事情！因为这本身也是一种对自己边界的侵犯。也许你可以从身体层面的呼吸练习开始，学会关注最微小的动作

带给自己的不同体验，看看坚持一段时间后你的身体状态是否有所变化。

- 增强自我效能感 -

其实，以上这些建议都是为了增强自我效能感。**当我们相信自己能够掌控自己的行动时，就说明我们具备自我效能感。**然而，高敏感的人往往感觉他们无法掌控自己的命运。他们觉得自己似乎被难以承受的外部条件所支配，这些条件导致他们一直都处于被动的地位。在高敏感的妈妈身上，这种情况尤其常见。所以还有一种让自己尽量免受过度敏感影响的方式，就是要增强自我效能感。你可以有意识地控制呼吸，在时间紧迫的情况下可以放慢一下节奏，或是对别人直接表示自己需要好好休息。

获得良好的自我效能感体验被认为是心理健康的源泉。对于很多父母而言，鼓励孩子尽情表达自我和创新，可能只是一种无意识的行为，但每当你和孩子一起制作手工、玩耍、运动或做一些具有创造性的事情时，你的孩子都会有自我效能感的体验。**通过这些创造性活动，孩子可以感受到自己就是创造力的源泉，因为在这些活动完成之后，他们惊奇地发现周围的事物不再是之前的样子了。这种体验能够帮助他们获得健康和自**

信。你在与自身相处时，也应该像对待孩子一样，自然而然地让自己享受这种体验。但是在追求更高自我效能感的同时，你也要注意检查在日常生活中是否存在影响或损害个人边界的事物。

举一个发生在我身上的例子。在孩子还很小的时候，我的丈夫每天中午都会回家吃饭。他这么做的原因是希望自己能多和孩子相处、交流，因为他通常要工作到很晚，当他回家时孩子都已经上床睡觉了，于是我们全家只能尽量抓住每天午餐的时间聚在一起。当时，我的婆婆告诉我："你们能够一起吃饭真是太幸福了！这样的机会可不多见。"当然，她说得没错，但对我来说，我们每天一起吃午饭到底意味着什么呢？它意味着我必须在中午 12 点准时准备好饭菜，因为丈夫的午休时间十分短暂，无论上午家里发生了什么事情，无论我和孩子正在进行什么有趣的活动，孩子都必须立刻放下手头的事情在 12 点准时吃饭，而我也必须马不停蹄地准备饭菜、布置好桌子并且摆好餐具。

起初，我并没有意识到一起吃午饭给我带来多大的时间压力，直到一段时间后我才感到自己其实越来越不情愿了，我更希望自己能够自由合理地安排午餐时间。如果当时我已经知道自己是高敏感的妈妈，并且意识到自主决定一天的安排对我来说非常重要，我会建议我的丈夫一周吃一到两次外卖，这样，我就有机会呼吸自由的空气，并以自主自决的方式摆脱午餐的强制性时间限制。也许，你的家庭中也正在发生类似的事情，有一些甚至已经形成习惯，不再受到质疑。因此，我想请你重新审视自己的日常生活，思考一下是否真的存在定期让自己感到压力的事情，是否可以对它们进行改变。以下是一些实际层面的建议：

- 检查你日常生活中的压力来源

- 增强自我效能感

- 收集能够让生活放松下来的创意

- 寻求缓解压力的可能性（儿童托管、午餐服务、外卖、老人或保姆帮忙分担、清洁服务等）

在这个改变的过程中，最重要的是你要坚定地相信：即使到目前为止我还没有过成功的经验，但是我绝对有能力守护自己的边界不被侵犯，我具备自我效能感并且有能力清晰地界定自己的边界范围。

几年来，你可能为了掌控自己在空间和时间上的安排而不懈努力，但很可能你会在某一时刻突然开始怀疑自己是否真的能够走出当下的困境。许多妈妈最终放弃了，继续将自己的负面情绪深埋于日复一日的琐事中，并陷入抑郁和焦虑的泥潭无法自拔。她们或许还会将希望寄托在遥远且不确定的未来上："等孩子上了幼儿园/四年级/高中就好了……"然而，这样的想法意味着放弃了当下的自我效能感。你要相信自己现在就有能力行动起来，相信自己的力量。只有这样，你才能真正摆脱困境，而不是眼睁睁看着它把你一天天拖垮。

- 维持个人边界的重要原则 -

之前我们提到了如何应对个人边界被侵犯以及如何扩展自己的边界，然而，最有可能侵犯你的边界的人恰恰是你的孩子，特别是处于婴幼儿时期的他们。因为这个时期的孩子在身体上与你频繁地进行亲密接触，同时也需要你花时间陪伴和照料他们，于是他们就会越过你在身体和时间上的边界。

对高敏感的妈妈来说，她们很难对孩子严格贯彻管教的原则，特别是当孩子处于婴幼儿阶段时。严格管教不仅仅是纠正孩子的不当行为，或者仅仅在必要时做出一定的惩罚，还包括坚持不懈地要求孩子做出正确的行为，如不在看电视时吃饭、把脱下的鞋子放好、整理好他们的玩具，等等。由于高敏感妈妈经常感到非常疲惫，有时干脆会睁一只眼、闭一只眼，所以孩子会一而再、再而三地做出这些不当行为。孩子会清楚地记住这些被你"纵容"的情况，并试图在第二天再次犯规，例如边看电视边吃饭等。每一次孩子做出这样的行为都是对你个人边界的小小侵犯。不过，虽然你在教育孩子的过程中看似缺乏执行力，但这也恰恰反映了你的优势所在——因为你有丰富的感知能力，你预感明天的情况可能会有所不同，所以你更愿意为每一天的育儿问题寻找不同的解决方案。

然而，当孩子还很小的时候，他们并不会理解或是感谢你这种在原则上的创造力。此时，在教养中缺乏执行力可能产生负面的育儿效果，本质上也会占用你的精力并影响你的情绪，使你在焦头烂额时更难守住自己的边界。在这一点上，如今的我已经改变了许多，我会更加严格地对待我的孩子，始终如一，不再畏首畏尾。

维护个人边界的另一个重要原则是遵循特定的日常生活节奏。 在某种程度上，大多数生活节奏都是由外部强加给我们的，比如学校上课时间、工作时间和商店营业时间等，这些节奏是不会因我们的个人意愿而被轻易改变的。除此之外，还有一些我们可以掌控的节奏。例如，简单的午休就可以成为日常节奏的一部分。在我儿子两岁时，我在下午经常感到很疲惫，有时累到几乎无法站立，于是我养成了和他一起躺在沙发上，为他读故事的习惯。他有一本关于一个小男孩的书，这个小男孩的名字叫博博。对成年人来说，这种含有大量图画、带有几个单词的儿童书籍读起来很容易使人感到无聊，所以我总是读着读着就睡着了。久而久之，这成了我们的一个固定仪式：我们一起躺在沙发上，我读了几分钟后就睡着了，直到我醒来前，儿子都会独自玩耍。从那时起，午休成了我日常生活中固定的一部分。

我建议你仔细考虑一下一天中可以利用哪个时间段让自己休息一下。注意，你需要休息并不是因为孩子累了，而是因为你自己需要休息。曾经有一位儿科医生告诉我："孩子中午不是必须要睡觉，他们已经获得了足够的睡眠。但是你，必须休息！"**请给自己休息的权利，这绝不是奢侈品而是必需品。**这样，你在休息时可以保护自己的边界，而这些边界恰恰是自主设定的，这样的感觉会让你体验到充分的自我效能感。

在通常情况下，妈妈会容忍孩子对个人边界的侵犯，特别是在孩子还很小的时候。但当孩子长大后，情况就会有所不同了。有一位妈妈有两个处于青春期的女儿，她告诉我："我必须全力捍卫自己的衣橱，不然她们绝对会未经允许就随意穿我的衣服。"

综上所述，你可能会遭遇陌生人、家庭成员甚至自己对个人边界的侵犯。这些侵犯可能发生在身体、语言、心理和实际生活层面。但是无论在哪个层面上，你都有机会学习应对的策略，来保护或者扩展自己的边界。对于高敏感的妈妈而言，学会保护自己的边界是一项重要的任务，因为它能让你在琐碎的育儿生活中感到真正的放松和自由。我们也可以当自己在保护个人边界方面取得明显进步的时候，给予自己应得的奖励。

- 应对边界侵犯的模式源自童年 -

为什么有些人能够很好地保护自己的边界，而有些人的边界则脆弱不堪呢？这种差异从何而来？我遇到的大多数高敏感者，在童年时期都有被长期、严重侵犯边界的经历。比如，被父母要求对所有成年人都表现出友好的态度，和成年人握手甚至坐在初次见面的人的膝盖上，即使他们并不愿意，这些其实是边界被忽视和侵犯的经历。**如果一个孩子无法体验到自己的边界在哪里，以及没有充分意识到自己的边界应该得到尊重，那么相应地，在成年后，他就会缺乏边界意识。**当他的个人边界以各种形式遭到侵犯时，他可能只会愤怒，或者相反，他只会沉默和退缩。

许多高敏感的人都有这样的经历：他们在事后对自己的激烈反应感到惊讶，然后觉得自己面对个人边界被侵犯的情况时非常迷茫，他们不知道什么才是恰当的反应。为了认识和改变这些模式，你有必要去审视一下你成长中所处的家庭背景。你的家人是如何处理边界问题的？你是否有足够自由的空间去发现和体验自己的边界在哪里？或者你在那个时期是否经历了频繁的边界侵犯又无力抵抗？

需要注意的是，过度自由的家庭环境也不利于我们正确地体验自己的边界。作为高敏感的孩子，你也许曾目睹过父母之间的边界侵犯或冲突，并被他们处理这些问题的方式潜移默化。在这些情况下，父母双方的边界之争是否有人获胜？他们是选择用冷冰冰的沉默回应对方，还是选择用激烈的争吵反击对方？你是否发现长大后的自己在处理边界侵犯或冲突时也有类似的表现？你的父母为你提供了处理边界侵犯问题的模式，也许你已经将此模式深深内化，以至于很难再学习到其他更好的处理方式。所以，让孩子体验边界并不是要他在完全自由的环境中观察父母，而是在面对边界侵犯问题时，正确引导他们处理好、应对好边界冲突的问题。

如何在保护自己的同时又能不伤害他人的边界呢？这个问题困扰着许多高敏感的人。这首先是因为高敏感的人通常会对侵犯个人边界的行为感到震惊，他们往往无法相信自己正在经历这些糟糕的事情。有些让人感到受伤的事情其实是非常微妙的，往往并不是严重激烈的无礼或者冒犯行为，而是会被其轻微刺痛或伤害的行为。因此，高敏感的人在这种情况下通常都会感到疑惑：这么小的问题是否值得我在意？为了双方的和谐，我是不是更应该忽略它？

- 练习应对的方法 -

对此我只有一个建议：对于保护自己的边界而言，任何微小的问题都值得我们重视。在你看来，虽然有些事情可能暂时微不足道，但它们对你的影响可能是巨大且深刻的，甚至会使你的身体感到不适。如果你在童年时期没能成功地建立起自己的边界，那么现在你就更需要留心所有的信号。如果你开始认真对待自己，你就会注意到生活中那些微小但刺痛的经历。

坦诚地思考一下，最近有哪些事情和人让你受伤。你可以尝试列一张清单或画一张图，然后思考你从哪点开始改变，以期在未来能够更好地保护自己的边界。你可以从不太具有威胁性的事情开始，设想一个情境，然后想象你在此情境中可以做出哪些不同的反应。也许你的伴侣或朋友也会参与进来，你们可以借此机会玩个小小的角色扮演游戏，共同思考如何在此情境中做出回应。请记住，思考就是实践的尝试。在这个思维游戏中，一开始你只需要想一想如何在不同的情境下用恰当的话语回应，并思考每句话给你的感觉如何。例如，以下这几句话会给你什么样的感觉？

－不，我不想这样做。

－我的观点跟你完全不同。

－嗯，我不太赞同，但我们可以一起想想是不是还有其他的办法。

－我想自己决定走哪条路，自己决定穿什么衣服、给孩子吃什么，等等。

– 你这话是什么意思？

– 当你这样说的时候，我的感受是……

– 不行！

现在请你假装自己是一名演员，试着说出这些句子，并想象一下你所处的情境，设想对方可能的反应。其实，困扰我们的往往是自己的担忧而非现实。在出现问题时，我们经常会想象最糟糕的情况，比如对方的破口大骂、怒不可遏，甚至毅然决然与我们断绝关系。但是其中许多情况并不是真实存在且必然发生的。**试着将你的担忧与事实区分开来，你会发现许多糟糕的情况只是来自自己丰富的想象力而已。同时，你应该给对方改变的机会，确保他将来不会再闯入并侵犯你的边界。**

其实大多数人并非故意冒犯，只是他们的说话方式可能不适合高敏感的人而已。如果你明确表示抗议，对方会在意识到沟通中存在的问题后进行适当改正，而如果只是简单粗暴地直接中断联系，对方会感到完全无法理解并受到伤害。

与其像上面的句子一样严肃地回应对方，你不妨尝试幽默甚至有点反讽的方式，例如：

– 呵呵，是啊，你说得很有趣。

– 你一定有自己的小妙招，知道应该怎么做吧。

– 嗯，这真是个非常有趣的观点。

– 我还从来没有这样想过。能否再多说说？

– 我的心态倒是比较开放，愿意了解不同的观点，你呢？

- 善用身体语言 -

如果未来你想让别人尊重你的边界，那么也需要注意你的身体语言。 许多女性习惯于尽可能地"节约空间"，例如在地铁上她们会交叉双腿坐在椅子边缘，总是靠右边贴着墙壁上台阶，习惯性地给别人让路或总是耐心地等待。她们经常微笑，时不时摆弄着衣服或自己的头发，目光向下，轻声轻语。这每一种身体信号都会让别人感觉眼前这个人缺乏安全感，当多种信号同时出现时尤为明显。请你观察自己是不是也经常发出这些身体信号。有些信号在很大程度上是我们无意而为：例如，我们与上司交谈时的举止和跟好朋友说话时的动作相比，是完全不一样的。

因此，请你开始学会自我观察，但如果你发现自己散发出了许多没有安全感的身体信号，千万不要因此感到自责。你就是你，事实就是你有缺乏安全感的一面，但同时也有坚强自信、独立自主的一面。你不相信吗？那么请你回想一下你曾经表现出自信的情境。你经历了那么多事情，比如考试、吵架、谈判、分娩、分手，等等，其中肯定有一些经历让你觉得自己很出色、很强大。如果你能回想到这些让你重回自信的情境，那就请试着多回忆几次，找回自己内心美好和强大的感觉吧。

如果你现在找到了这种良好的自我感觉，那么请再次查看之前你列出的那些会侵犯你个人边界的人和事，想想现在带着这种强大自信的你会如何应对。你可能会突然想到了许多可行的办法，可以使用的话语或行为，以便有效应对以后可能出现的被侵犯边界的情况。

此外，不同的身体姿势也会对你的状态产生不同的影响。**悲伤、沮丧、愤怒或愉快等情绪都会在你的姿势动作中表现出来，但有趣的是，姿势也能影响你当下的情绪。**因此，当你想要改变某种情境下的状态时，你可以采取特定的身体姿势，然后相应的感觉就会出现。例如，你可以先尝试弯曲背部，让肩膀放松下垂，保持这个姿势坐几分钟，然后体会一下这种坐姿让你产生了什么样的感受。你会发现，保持这样的姿势很难获得良好、愉快和自信的感觉。几分钟后，你可以再试着进行一个反向的实验：慢慢挺直身体，直到完全坐直，胸部打开并挺起，肩膀放松下沉。然后再次体会这种截然相反的姿势是否会让你体验到不同的感受。你很可能会发现自己更加开放、坚定和勇敢。这个发现很有意义，因为通过这种方式你可以认识到：

1. 你可以学会塑造一种专属于自己的"勇气姿态"，即这种姿态可以带给你特别强大和有力的自信感觉；

2. 你可以不再受情绪的裹挟而毫无还手之力，现在你可以在某种程度上通过改变身体姿态来掌控自己的情绪。

你可以每天多次摆出自己的"勇气姿态",并向孩子展示如何控制情绪。

- 恰当的应对方式 -

如果你是一位高敏感的妈妈,你的边界可能更加脆弱且不稳定。正如前面所述,你可能会在维护自我边界时极其冲动和激烈,以至于伤害到他人,并且这在本质上也会深深伤害你自己。

一方面,在人际交往过程中,没有人能够永远采取恰当又正确的方法;另一方面,人们确实能够在不伤害他人的情况下达到保护自己边界的目的。这个目的就像是一段旅程的终点,通往这个终点的道路可以分为很多段:在第一段中,你能够认识到自己哪些方面的边界被侵犯了,以及这些侵犯引发了自己的哪些行为;接下来的一段中,你有意识地习得其他的应对方式。随着时间的推移,你会发现自己变得越来越冷静,越来越了解自己的边界,因此当你再次遇到边界侵犯行为时,你可以控制自己不再那么冲动,因为你已经为自己创造了足够的安全感,并且每一天都是获得安全感的机会。

如果你还没有找到恰当的应对方式,在无意间又伤害了别人，你可以向他说清楚，在那一刻你其实有些慌张无措，但你也没有其他选择。这样的解释有助于你从心理上卸下失败的重担，并让对方理解你的处境。

你可以借助以下问题继续思考：

－经常有人侵犯你的个人边界吗？

－通常在哪些领域会出现这种情况？

－你是如何应对这些越界行为的？

－你会给自己设定过于严格的边界吗？

－你尊重自己的边界吗？

－你上一次因成功捍卫自己的边界而奖励自己是什么时候？

－你在童年时期有过边界被侵犯的经历吗？

－你当时是如何应对的？

－你的父母是如何处理冲突的？你觉得自己的处理方式与他们的有相似之处吗？

－观察自己的身体姿态，并尝试塑造自己的"勇气姿态"。

－原谅自己，并宽恕别人。

7.

对待亲密关系和人际距离

- 区别对人际关系的愿望与需求 -

我们讨论边界问题时，会不可避免地涉及亲密关系与人际距离的话题。边界侵犯通常发生在他人与我们在身体、言语或情感层面"过于接近"的情况下。对于大多数人而言，与他人保持适当的亲密关系和人际距离是一种舒适愉快的体验。有些人喜欢一直被他人环绕，因为他们觉得别人的存在能给予自己安全感和被保护感；有些人则只有在独处时才能感到完全放松。

内向的高敏感者通常属于后者，而外向的高敏感者则更倾向于前者。内向的高敏感者在他人面前常常感到被过度关注，无法迅速或"正确"地做出反应，并且他们在某种程度上认为自己不属于集体，因此通常只有在独处时他们才能真正做自己。因此，高敏感者需要**适当的撤退以及合理的休息时间，这样才能让自己的身心从与他人社交带来的过度刺激中得到修复。**

　　在讨论这个问题时，我们需要区分有意识的愿望与无意识的需求。在我举办的一个研讨会上，一位参与者告诉我，她非常希望能够与孩子们建立更为亲密的关系。然而，在研讨会的过程中，她意识到更亲密的关系对她来说也意味着更多的束缚，而她真正的需求其实是独处和休息。因此，她只能以极其小心和谨慎的态度尝试建立她真正渴望的那种亲密的亲子关系。

- 妈妈的人际关系难题 -

　　然而事实是，作为妈妈，我们很少有一个人安静独处的机会。孩子的存在已经大大降低了我们单独休息片刻的可能性。不仅如此，在外部环境中，一个妈妈如果带着婴幼儿，那么她也很难享受片刻的宁静。一旦她带着孩子从家里离开，进入公共领域，就会立刻吸引不少陌生人的目光和好心的建议，这种现象十分常见。

　　当我的儿子出生时，我们住在一个比较靠近大城市的村庄。尽管我喜欢乡村生活，但我在有了孩子以后还是常常感到烦心，因为村庄里相对熟稔的人际关系使得有些人总是在未经许可的情况下干涉我的家庭，尤其是我的孩子。他们每个人都盯着我的孩子，对他的外貌或者对他是否穿得太多发表评论。如果阳光明媚，而我合上了婴儿车的遮阳篷，就会有人提醒我应该打开它让孩子享受阳光的沐浴；但如果我打开它，不久又会有人说孩子暴露在这么大的风中一定会感冒。因此，每次出去散步都会让我感觉如坐针毡，以至于我每次回到家时都会松一口气。那些好心的建议和评论让我感到突兀，甚至能体会到他们语气中的自以为是。它们伤害了我对亲密关系和人际距离的感受。

如今我有时会回头思考：当时的我怎样才能更顺从地接受这些建议，因为它们有时是有道理的。后来我意识到，我感到受伤是因为我觉得没有人愿意站在我的立场上理解我。我非常清楚，周围人的反应并不是以我为中心，他们并不在乎我这个人或是我的思想和感受。这些关注和建议更多地出于他们以自我为中心的需求，是为了表达他们自己的意见，而我对此进行了反抗。然而，那时我对这些事情还没有更加深刻的认识，所以我的反抗仅仅表现为我不愿意带着孩子出门了。

当然，你的情况可能会有所不同。也许你生活在一个大城市，当你带着孩子外出时，几乎没有人会向你投去特别关注的目光。你的生活环境在很大程度上影响了你对亲密关系和人际距离的理解和处理方式。尽管城市和乡村之间存在差异，但在你的感知中仍然存在一个重要部分，它时刻提醒着你周围的人是否在关注着你。

- 对理想关系的理性态度 -

我在撰写这本书的过程中与许多高敏感的妈妈交谈过。毫无例外，她们都证实了自己能够准确地感受到是否被人关注。而本章的主题正是亲密关系和人际距离。当有人向你发表评论时，一种人际关系就会建立起来，社交互动就随之开始。高敏感的人通常对社交互动怀有较高的期望，他们渴望真正被人关注，他们注重别人的用词是否恰当，他们对于闲聊并不感兴趣，诚实与否对他们来说则显得非常重要。然而，不幸的是，当他们在与亲密的家人和熟识的邻居相处时，甚至是与陌生人相处时，这些期望都没有差别。

尽管我理解人们对于深入交谈和情绪价值的合理需求，但我认为恰恰是高敏感的人，尤其需要培养和保持一种对现实相对理性的看法。我们需要明确：在现实生活中只有相对较少的人际关系能够满足你的期望。也就是说，你只能与大部分人偶尔在某些特定领域或主题上有这种高质量的互动。对于你所认识的大部分人而言，交流往往只停留在表面上。对于高敏感的人来说，他们所向往的那种高质量的亲密关系往往无法实现，甚至在自己的家庭中也不行，这是其中最令人痛苦的经历。

此外，进行一场高质量的对话需要双方保持从容、冷静的状态，而这往往只有在时间充足、精力充沛的情况下才能实现。对于有婴幼儿或青少年的家庭来说，时间往往不够用。因此，我建议你审视一下，你的身边是否有人能够提供这种高质量的亲密关系，也许这个人住得离你很远，你们平日里很少有机会见面，那就请多多加强与他们的联系吧。

重要的是，你要珍视自己对于真诚交流的渴望，不要将其抛诸脑后。因为如果你在生活中拥有高质量的人际关系，你能够借它的帮助度过家庭生活中的一些至暗时刻，你也就不再那么迫切地需要在每一次肤浅的相遇中寻求高质量的关系了。

你可以通过以下问题来审视你对亲密关系和人际距离的处理方式：

- 你是否经常跟人走得太近？

- 你是否能够独立地建立一种恰当的亲密关系？

- 在你的生活中，是否存在着高质量的人际关系？

- 你与他人多亲密、保持多少距离时是最舒适的状态，同时又不会感到孤独？

- 在你体验亲密关系和人际距离的过程中，你如何关照自己的感受？

- 你是否希望自己能在亲密关系和人际距离的实践中做出一些改变？

8.
应对批评的方法

- 为何批评让你尤为难受？-

我们如何应对批评与界定人际关系的亲密度以及人际距离的紧密度息息相关。无论是批评别人还是被人批评，在每个人眼里都是一项挑战。然而，对于那些高敏感的人来说，由于他们对于维持人与人之间的和谐局面有强烈的需求，他们在接受批评或批评别人时就感到更为难受了。

作为妈妈，你迟早会面临批评，这可能会让你感到无奈。对于生活中各种鸡毛蒜皮的小事，你都可能接受到来自外界的批评：你工作的时间过长或过短、对孩子过于关心或不够关心、社交圈子过广或过窄、对孩子溺爱或过于严格，等等，反正总会有一些事情引起他人（尤其是其他妈妈）对你的质疑。因此，作为高敏感者的我们十分有必要学习如何恰当地面对批评。

在此，我想与你探索其中的原因，即理解为什么对于许多高敏感的人来说，接受批评是一件十分棘手的事情，并且希望能在这一过程中为你提供一些解决方法，让你今后在面对旁人的批评时能够轻松地看待并接受。最后你会发现，学习这一点对于你直面他人的批评、直面自己的高敏感都具有十分重要的价值！

高敏感的人在面对他人的批评时有一个弱点，那就是他们往往会把批评看作是针对自己本人的，他们非常在意他人对自己的评价。这不仅是因为他们往往不知道应该如何正确应对批评，更是因为他们对自己和他人都抱有非常高的心理预期和期望。**当这类高敏感的人面对批评时，他们通常会感到十分困惑，认为自己的努力没有得到别人的关注和尊重：明明自己已经在努力做好了，为什么还会被迫接受别人的批评呢？同时，高敏感人群的另一个弱点也凸显出来：他们倾向于以消极的方式解释发生在自己身上的事情，并且理所当然地认为其他人也是用相同的方式进行感知的。其实不然。**

高敏感的人在当今面临着一个重要的学习任务，那就是接受发生的事实并认识到自己与其他人看待事物的方式并不是如出一辙。实际上，与周围的大多数人相比，高敏感者显然能够更加敏感和细致地感知事物。然而，正如前文所述，这种过于细致的感知方式往往会导致他们对事件做出不合理的解释。因此，当有人给你提建议时，你可能会突然感到对方是在贬低你这个人；或者你会立刻坐立不安，觉得自己无所适从；又或者你会感到羞愧，于是你努力地避免再犯同样的"错误"，反而导致自己变得紧张兮兮。这些对批评的反应都是可以理解的，但这还不足以让你找到恰当的方式来应对批评。

当受到批评时，你产生的最初思绪往往与你的个人经历有很大关系。也许你在严厉的家庭氛围中长大，父母的严格要求让你把错误视为一件很可怕的事情；也许你认为你的父母非常完美，因此命令自己绝对不应该犯错；也许你希望取悦自己所爱的但又极具权威的父母，所以从不允许自己有犯错的机会和可能……如果这些因素与天生的高敏感特质结合起来，那么就可以解释你为什么如此在意他人对自己的批评。如果你希望更深入地了解自己的生活背景，那么你可以尝试回答以下问题，这可能会对你有所帮助：

- 在你成长的家庭中，家人们是如何处理错误的？

- 你是否认为自己必须取得特别的成就才能获得认可？

- 在青春期，父母是否能接纳你的叛逆呢？你是否必须强迫自己适应环境并压抑自己的叛逆情绪呢？

– 你是否能够坦然承认错误而无须担心受到过度严厉的惩罚？

– 你是否信任你的父母？

- 学会区分真实的与想象中的批评 -

我们需要意识到，其他人与我们自己的感知方式存在差异是天经地义的、再正常不过的事情，我们不能因此责怪他们。这一点尽管困难，却能给我们带来一种解脱感。然而同样重要的是，我们不要陷入相反的极端，傲慢地认为只有自己感知到的才是正确的事实。如果高敏感的人因为他们的感知能力而更有优越感，那么这对任何人都没有好处。这种态度只是为了提高或满足自己高敏感状态下隐藏的"虚假"的自我价值。

高敏感的人在面对他人的建议时，通常会感到非常不悦。之所以产生这种不满的情绪，主要是因为别人在没有征询他们意愿的情况下就贸然提出建议，此时他们能明显地感觉到自己的边界正在被侵犯。由于高敏感的人对自己的要求很高，甚至达到完美主义的程度，在别人给予他们建议时，他们经常对这一事实感到震惊，因为在他们看来，给出建议的人本身也并不完美，凭什么要建议自己怎样做才是最好的呢？所以他们很难接受别人给自己的建议。当然也有例外，比如他们必须确信对方具有足够的能力，无论是基于教育水平、职业地位还是个人品质，只有在认定对方是有能力的人之后，他们才会准备好并愿意接受对方的建议。

　　长辈往往认为自己有责任为年轻父母提供支持和建议。当今时代，很少出现几代人共同生活的情况了，所以年长一代的影响也仅限于他们提供给年轻人的一些建议。然而，两代人之间的关系经常十分紧张，以至于年轻一代无法认可长辈的能力，继而导致年轻的父母们无法接受那些善意的（也许是正确的）建议。除了能力之外，高敏感者与给予建议的人的关系也很重要。如果一个人感到自己被他人接纳，并且可以展示真实的自我，他们就更容易敞开心扉并接受外界的影响和观点。然而，对于高敏感的人来说，要建立这种信任，通常需要较长的时间，所以他们若想建立一段牢固的友谊，往往需要经过数年的磨合，才能真正地敞开心扉。

　　此外，坦率来讲，高敏感的人常常会在他人提出善意的建议时，敏锐地察觉到批评的意味。这一点可以理解，有时候是因为这些建议偏离了主题，让人难以接受，也可能是因为给予建议的人与他们之间的关系比较生疏，或者是因为高敏感者自身不够自信而希望得到对方的理解而非建议，等等。通常情况下，这样的建议来自父母或者公婆，他们基于经验认为自己有责任给年轻的妈妈提供建议。这确实是一个非常棘手的问题。

实际上，能够促进年轻的妈妈与双方父母之间相互理解的开放式交流是很少的。对于年轻妈妈的父母来说，他们经常认为自己的女儿虽然已经成为妈妈，但也仍然是个孩子，因此不能完全用成年人的方式对待她；而对于公公婆婆，尤其是婆婆而言，这个女人与儿子和孙子很亲密，但对自己来说却很陌生。高敏感的妈妈能够明显地感受到这一切，尽管她并不会宣之于口。高敏感的人配备了敏锐的"天线"，能够准确地感知并区分清楚谁是真心实意，谁是虚情假意。因此，对待高敏感的人尤其需要内心的真诚。当然，我们也清楚，当人们出于社会习俗或者谨言慎行的自我要求，而必须表现出友好的态度时，要做到真诚和坦率其实是很困难的。

这让我想起了当我刚成为一个年轻妈妈时的故事。当时，我的儿子一岁多，还不会走路，我带他去婆婆家待了几天，婆婆家有一座宽敞明亮的房子和一个大花园。那是初夏里一个风和日丽的日子，我们准备了一张毯子，还给孩子准备了一些玩具，我们惬意地躺在草地上感受自然的美好。突然，我的婆婆告诉我，不能让孩子光着身体，尤其是不穿纸尿裤就爬来爬去，这顿时打扰了我的好心情。我的内心立即对她的建议产生了抵触。因为我的儿子一直在健康快乐的环境中被养育长大，所以我觉得没有任何理由让我主动改变自己的育儿方式。

　　然而，除了内心的抵触之外，我也感到了自己的不安，我内心里有一个声音正在告诉我：对他的身心发展来说，体验这种裸露的状态会更好。但是，如果我简单直白地回复婆婆说"不，我觉得这样挺好"，那么我就会与婆婆发生冲突，毕竟我们之间的关系已经非常紧张了。最终，生气的我没有给儿子穿上纸尿裤，反而又解开了他的衣服，对婆婆说："这样才算光着好吧！"我的婆婆感到自己受到了冒犯，生气地回到了屋子里。之后，我儿子尿在了我的裤子上！三次！我很后悔没有采纳婆婆的建议。这个例子清楚地展示了高敏感的人有多容易将他人的话语或建议视为批评，这往往导致他们忽略了自己的真实需求和原本的动机。

- 勇敢、客观地面对冲突 -

　　高敏感者很难迅速和恰当地对指责做出反应，他们在为自己辩护或表达意见时往往会感到不知所措。他们的敏感天性要求他们首先要"消化"这种情况，然后需要在安静的环境和冷静的状态下考虑所有可能的应对方法，最后才能对这些情况做出恰当的反应。高敏感者并不擅长即兴表达，这是因为他们脑中往往充斥着许多观点。他们可以理解各种各样的立场，而且在他们看来这些立场都有自己的道理，因此他们常常显得遇事犹豫不决，好像一点主见都没有一样。事实上，他们需要花很长时间来思考，直到找到自己的立场，在这个过程中他们仍然在试图理解他人。因此，他们在表达自己的意见或想法时经常显得有些笨拙，甚至对自己的立场不够坚定和自信，因为他们在说出每句话的瞬间，都在有意识地评估对方会如何反应。

高敏感者对于冲突的恐惧根深蒂固，以至于他们宁愿与内心争论、责备自己，也不愿与他人发生争执。这种对于和谐的强烈渴望会带来奇特的结果。他们会因此经常否定自己，并且在很多时候恰恰是因为过度追求和谐，才导致双方产生更激烈的冲突。高敏感者并不总是温柔的。与其他人一样，他们有时很难找到温和的方式表达自己的感受或者看法。同时，高敏感的特性也并不一定意味着他们也具备共情、同情和理解他人的能力。

然而，与外界的批评相比，让高敏感者感到更加难受的是自己对自己的指责。由于对自己怀有极高的要求，高敏感的妈妈常常感觉自己不是一个好母亲。很久之前，心理学家、教师、医生和其他专业人士还一致认为：如果孩子没有按照教科书上的标准发展，那么一定是因为妈妈有什么问题。我们最常听到的说法是：母亲缺席太多，对孩子的发展绝对没有好处。直到近年来，父亲的作用才开始广泛受到人们的关注。然而，"妈妈是万恶之源"这种偏见已经在人们脑海中根深蒂固。对于所有为人母的女性而言，不论她们是否高敏感，"成为不称职的妈妈"的恐惧一直在她们脑海中盘旋。面对与孩子有关的批评时，每个妈妈都或多或少倾向于认为这些批评是针对她们个人的，因为这涉及她们付出辛劳培育出的"作品"。

与一般敏感的人相比，高度敏感的妈妈对于积极和消极的情绪会有更加强烈的感受。有时候人们会觉得高敏感的妈妈似乎特别喜欢没事找事，总是喜欢把别人的话进行负面的曲解。这其实是因为她们过于敏感，以至于很难区分哪些批评是真实的，哪些只是自己头脑中的想象。由于高敏感者非常富有同理心，会把麻木不仁、缺乏情感共鸣当作一种不尊敬的态度，所以他们甚至会把客观的陈述也视为批评。因此，在讨论中保持客观的态度是非常困难的。他们总是在不停探索，努力站在对方的视角去寻找自己的价值，在这个过程中又要付出很多精力来维持双方和谐的局面。同时，他们会经常错过表达自己价值观和需求的机会。

对许多高敏感者来说，能够在恰当的时候明确表态是一种能够让自己强大起来的宝贵经历。然而，大多数高敏感者并不能轻易做到。因此，当看到有人能轻松地表达意见甚至是明确地表达不满，并愿意为此承受冲突的后果时，高敏感者都感到十分不可思议。

- 在共情的同时，找到自己的立场 -

作为一位高敏感的妈妈，你迟早会意识到这个事实：在某个时刻你必须得表达自己的观点。无论是在给宝宝选择饮食时——给孩子吃罐装食品还是吃自己烹饪的食物，还是在向老师解释你孩子的敏感特质时，作为妈妈，你不得不找到自己的立场并且忍受批评（包括那些只有你自己能觉察到的）。然而，对于高敏感的妈妈来说，要形成和坚持自己的观点并不容易。能够设身处地理解和感受他人的情感和思想世界，是一种非常美妙的特质，而你恰恰拥有这样的宝贵财富，你的孩子们也会发现并珍视这一点。但是这种天赋也可能引发另一种情况：即使你早就应该制止某人的言行，你却仍然对他保持着理解和共情的态度。

无论如何，你要谨记：共情他人并不意味着你要放弃自己的立场、逆来顺受。为了找到自己的立场，你也可以利用自己的身体，当你与周围环境能够完全和谐相处时，你会感到踏实、集中、平静和专注。为了能够将你从他人那里接收到的信息和你自己内心的真实想法区分开来，你需要实现内心的稳定。而要实现内心的稳定，就需要与所处情境保持一定的客观距离。你可以在一天中多次问自己以下问题：

– 我的心理感觉如何？我的身体感觉如何？

- 我真正关心的是什么？

- 什么能给予我力量？

- 在生活的哪个方面，我觉得舒适、自在、自信又安全？我能否在自己的身体中找到这种力量和安全感？

- 我需要做些什么，才能更加专注于自己？

深入内心回答这些问题，诚实地对待自己的答案，将指引你了解自己的本质。我喜欢将其比作一个"藏宝洞"，里面装满了珍贵且形色各异的宝石，但是在这个秘密基地里，只有你拥有钥匙，也只有你可以肆无忌惮地进入。保持内心的稳定就好像你可以随时出入这个"藏宝洞"，欣赏那些宝石，即使你正处在一个令你不快的棘手情境中。凭借你高敏感的想象力和创造力，你能够在任何生活情境中想象出让自己开心的事物。你可以更加留心那些美好的反馈，将每一个愉悦的时刻视为一颗珍珠，存放在你的"藏宝洞"里。

虽然与孩子相处的日常生活可能令你感到不堪重负，但是你仍然可以时常回到自己的这个"藏宝洞"，一颗一颗地审视自己积累的珍珠和宝石，并享受由此带来的力量。如果你能够不断强化这种状态，你的身心将更加和谐统一，从而使你自己变得平静且难以动摇。

这种意象的想象对于了解自己的本质非常重要。请你尝试找到那个让你感觉最好的意象，并尽可能频繁地在心中想象它吧。

- 发展内心的自主性 -

我遇到的几乎所有的高敏感者，包括妈妈们，都希望在面对批评时能更坚持自我，这就是自主性。坚持自我的基本前提是要认识到自己的价值。在理性层面上，或许你已经意识到自己拥有一定的价值，但在身体和感性层面上又如何呢？要实现自主，你还需要在身体层面上体验自己的价值感。你是否还记得经历过的温柔的身体接触？你是否从中真切地体会到被关注和被珍视的感觉？还是说你只是感到自己在被迫接受拥抱甚至是不得已要顺从"习俗"？现在的研究表明，身体是不会忘记任何经历的，无论它们是好是坏。

对于高敏感的人来说，他们对于身体经验的感知可能比其他人更加强烈。除了身体经验，你的头脑中可能也存在着关于自主性的一系列想法。你可能知道一些公众人物，或是在生活中认识一些人，在你看来，这些人具备强大的自主性并在身心方面都认同个人的价值。当你与这些人接触时，可以观察一下他们所展现给外界的自主性。这个人究竟做了什么让他表现得如此坚定？他的目光、语言和姿态是怎样的？你可以试着从这些方面研究一下，观察你的榜样或者你身边具有自主性的朋友，思考一下你是否可以从中学到一些东西。

在我进行心理咨询的时候，曾有一段时间，我对我的职业生涯感到非常绝望。当我与客户交谈时，我认为自己完全缺乏自主性的特质。我时刻感到不安，努力在寻找问题的答案，小心翼翼地选择措辞，同时对自己的无知感到非常无助。我多么希望自己的内心能够更加有力量，在面对客户时能够坚定不移、毫不犹豫地给他们完美的解决方案，并且能够自如地处理每天的预约工作。现在我才明白，我所感受到的"不够自主"可以归因于我的高敏感特质。现在十一年过去了，我逐渐拥有了自主性。有时我仍然对自己所处的现状感到不安或者不确定，在这种时候我会选择谨慎行事，不过大多数时间里我都知道自己能做些什么，也了解自己做不到的事情，同时清楚地明白我可以为这个世界做出什么贡献。

借由我的例子，我想说明一个道理，那就是我们对于一件事情（比如自主性）的执着可能自始至终都是虚妄的。最终，我们往往会发现，我们追逐的那些看似令人向往的东西，其实并不是我们真正需要的。我相信，每个人的自主性早就存在，只是需要你去发现它。作为一个高敏感的人，拥有自主性意味着你可以在任何情况下诚实地表达最真实的感受，或者当你在派对上感受到过度刺激时，可以直接提前离开，而不需要为了维持和谐的局面，费力且尴尬地编造一些不合时宜的借口。**简**

而言之，当你的行为与自己的内心保持一致时，你就是自主的。

如果你希望自己在面对批评时变得更加自主，以下几个问题可能会对你有所帮助：

— 你认为什么行为是具有自主性的？谁的行为经常体现出自主性？为什么？

— 你认为自己在某些方面已经拥有自主性了吗？

— 你能想到具体的情境作为例子吗？

区分自主性与即时反应能力是很重要的。许多高敏感的人希望自己能够即兴发挥，但这与自主性是不同的。即兴行为可能会让一个人显得具有自主性，但实际上二者具有本质的区别。自主的人有时候也会不知道应该说什么或做什么，但依然能够从容地面对当下的这种状态，或者干脆直截了当地坦白：我现在完全不知道该如何回答。

高敏感的人往往会钦佩别人身上的某些特质，但仔细思考后可能会发现这些特质并不值得追求。因此，要让自己获得自主性，重要的是你要尽可能仔细地探索上文的三个小问题。以下是一些小建议，或许能够帮助你获得对自身自主性的认知：

— 认识到作为人的你是不完美的。

— 接纳你自己的内在特质。

— 诚实地意识到自己在哪些方面值得批评。

— 愿意接受批评，不抵抗，不辩解。

– 谨慎处理他人的批评或贬低。

– 对于取得的哪怕是微小的成功经验，也要给予自己奖励。

我相信自我塑造是一个终身任务。对于那些内心丰富的高敏感者来说，他们其实非常擅长自我改进和发掘自身潜力。因此，作为高敏感者的你，实际上已经拥有了实现自我塑造所需要的一切条件。

- 学会与冲突事件保持距离 -

正如我在关于边界的章节中所提到的，你在原生家庭中观察并学会了处理冲突的特定方式，这些经历对你今后处理批评的方式产生了影响。你可以试着回想一下这些经历，并思考一下你对批评的第一自然反应是否与你的个人成长背景有很大关系，答案无疑是肯定的。

在培养自主性方面，还有一个方法非常重要：在处理批评时，我们要有意识地与矛盾事件保持距离，即客观地看待冲突。你可能会感到困惑，并且想知道怎样才能一方面专注于冲突的事实，另一方面又要和冲突保持距离？实际上，这个表面上的矛盾并不存在，因为这两方面经常是既紧密相连又各司其职的。通过专注的能力，你可以找到保持健康距离的方法；而掌握这个方法意味着**你知道被批评的那部分并不是你的全部，还有很**

多其他部分的总和才构成了你完整的个体。如果你在发生矛盾时采用情绪化的处理方式，就不可能找到一个建设性的解决冲突的方法。

作为妈妈，我们尤其需要与冲突事件保持一定的健康距离，这是因为：**孩子，特别是年龄较大的孩子，会直接批评我们或表现出叛逆的行为，不服从管教和约束，这会引发我们带有强烈情感色彩的反应。在这种情况下，重要的是区分清楚哪些仅仅是情绪化的想法，哪些是我们的真实感受。**情绪化意味着我们完全被情绪淹没，并且无法引导、不可控制地将情绪转化为特定的行为。但是，这并不意味着你必须否认自己的感受。成长中的孩子可能会在无意间对我们造成很大的伤害，如果你有时对他们感到伤心或者失望，向他们坦率地表明你的感受是很重要的。所以，当我们谈到保持距离时，并不是在呼吁自己变得冷漠，而是希望我们能意识到情绪化的想法和真实感受之间的区别。

在之前的章节中，我们学习到了如何锻炼自己专注和情绪稳定的能力，那么我们又该如何与冲突保持距离呢？我建议你在内心退一步，以一个旁观者的视角来审视自己。通过这种方法，你可以尝试不再把"完整的自己"作为批评攻击的目标。这种方式非常有效，就像我们在躲避子弹一样。重要的是让自己意识到，什么可以进入你的内心？你又把什么拒之"心"外？

决定权在于你自己。许多高敏感的人往往缺乏这种意识。

如果你是高敏感者的同时，又有很强的共情能力，那么你可能会在交谈中仔细斟酌每个词的使用。也许你十分重视话语的微妙差别，别人口中任何不经意或不恰当的词语都会让你不悦，尤其是在孩子与你交流时更是如此。在这方面，电子邮件、微信消息和短信等往往是最容易引发误解的渠道，因为这些消息通常都以一种很快的速度输入并发送，许多人并不会太在意自己的话语对接收者的影响。此外，这类消息还有一个灾难性的特点：它们可以一遍又一遍地被阅读、分析和体会，这可能会让高敏感的人反反复复陷入某种情绪状态中。写下并发送一条消息可能会给发件人带来解脱的感觉，但对于收件人来说，可能会引发意想不到的情绪波动。

- 如何批评他人 -

在讨论如何接受他人批评的同时，还有一个有趣的话题等着我们探讨：高敏感者如何对他人进行批评呢？对许多高敏感者来说，写电子备忘录似乎是一种很好的方式。首先，他们需要适时整理一下自己的思绪，然后将它们输入手机。其次，许多高敏感者更倾向于这种书面形式的交流，而对面对面的口头交流望而生畏。这是因为直接的面对面接触对他们来说是一种超负荷的刺激，许多人往往感到无法承受。此外，面对面交流意味着他们必须立即对话语有所反应，同时还要承受对方各种形式的回应。

很遗憾的是，大多数高敏感者并没有意识到电子消息也可能会对他们产生反作用。在消息提示音响起、手机屏幕亮起之时，他们拿起手机查看未读消息，看到发件人的名字后，他们的心跳就立即加速了，因为他们已经预想到在这条消息里，对方可能会对自己进行人身攻击，并且他们认为自己还没有能力平静地应对这场"大风暴"。这时，如果他们能有意识地先等一等，后退一步，以自信的状态去阅读消息，情况就会有所不同。

在对别人进行批评时，虽然你更倾向于电子消息的形式，但这实际上并不是上策，更好的做法是确定一个时间与对方进行面对面的谈话，做好准备，并尽可能保持冷静和镇定。此外，请意识到对方很有可能对你并没有什么特殊的意见，相反，他甚至可能对你抱有十分积极的看法。

如果你十分有必要指出某人的错误行为，或者由于其他原因想要对某人进行批评，则应该避免情绪过于激动，并且不要一次性将所有想法都倾诉出来。把长时间积压的情绪一次性释放是常见的错误做法。尽管高敏感的人可能害怕冲突，但是一旦冲突开始，局面就变得不可收拾。如果你不加控制地宣泄怒火，就会说出这样的话："还有件事我也想告诉你……"，这对你和对方都没有好处。事实上，比起这样毫无保留地宣泄情绪，还有一种更加高效和省力的方式，你只需稍微控制自己的情绪即可。

下面这个小故事可以告诉我们如何有效地提出批评。我有一位客户，她在争吵中总是会喋喋不休，经常从一件事牵扯出很多与此无关的事情。直到她的家庭出现了一个新情况，让她成功地打破了这个模式。

她的儿子罗伯特喜欢亚洲棍术。多年来，他的业余爱好就是自学棍术。在这个过程中，他不可避免地打碎了一两个灯。她的丈夫对她儿子（继子）的爱好有些反感，因为他总觉得家里的东西都会被打坏。我的客户非常清楚这一点，所以她在儿子的爱好和现任丈夫的态度之间左右为难。她每次都会注意到儿子向他们展示棍术时的那种快乐和自豪，她也注意到了丈夫经常说一些带有贬低意味的话。

最近，她的儿子想在花园里展示他的棍术——在此之前她已经多次告诉儿子哪里适合练习而不会弄坏东西，并且他大部分时间都能听从她的告诫。于是，她的儿子开始了表演，此时她的丈夫则摆出了他的典型神情。两分钟后，他果然说："要小心，棍子会失控的，你又要弄坏东西了！"丈夫的话马上激怒了儿子，他觉得如果自己一开始就不应该在花园练习的话，父母应该直接告诉他。于是他停止了练习，沮丧地离开了。

她观察到了这一切，也能理解丈夫的担忧和不快，但是她的理解中还夹杂着一丝愤怒，因为她内心里还有一个声音在质问："他为什么总是这样呢？他为什么就不能意识到罗伯特希望用这种方式与他这个继父更亲近一些呢？为什么他非得觉得罗伯特一定会弄坏东西？"

然而，她决定只说出一小部分，即仅说出与当前情况相关的那部分试试。她不想讨论谁更在意房子的整洁，她也不想深入挖掘她丈夫担忧的源头，她只是冷静地说出了她观察到的事情以及她的真实感受。对话很短暂，之后她就去睡觉了。在这个过程中，她没有将对话发酵到丈夫与儿子关系的层面，而是把进一步对话的空间留给了他们自己。尽管她内心非常激动，尽管她还有很多话要说，但她知道这些都会过去，她会解决好自己的情绪问题。后来，她听到丈夫主动找儿子进行交谈，他们厘清了误会，并表达了各自的想法。

通过这个故事可以看到，遇到矛盾时，我们不需要把所有事情都摊开摆在桌子上，而是只需要关注当下具体的事实，只说必要的话。即便你的感受和你观察到的细节如此丰富，但当我们试图把这一切都告诉给别人时，他们往往会感到压力重重。当你能够克制自己，保持一定的距离感，依照事实逐次提出批评时，生活会变得更加清晰和简单。即使你有情绪上的冲动，也不要屈从于这种冲动，这也与自我克制、自主性和自由有关。

此外，你还需要养成一种释放情绪的习惯，可以是运动、与自然接触或做创意手工。当你开始自我调节时，你会体验到一种新的力量感，进而体验到"掌握自己人生"的真正含义，不再被外界的要求所束缚。

最后，请思考以下问题：

－ 你是否倾向于把他人的批评当作对你个人的攻击？

－ 你的父母如何面对批评？

－ 你从父母身上学到了哪些行为模式？

－ 生活中是否存在能够让你发挥自主性的情境？

－ 你需要做什么才能与冲突事件保持一定的距离感？

－ 你的内心是否足够专注？

－ 在你的生活中，是否有一种健康的释放情绪的方式？

让我们总结一下：要做到以成熟的态度处理批评，需要同时具备情绪稳定性和适当的距离感。对于这两点，我提供了一些有用的练习。请经常尝试适时地、就事论事地提出批评。

第三章
高敏感妈妈也是好妈妈

高敏感妈妈通常对孩子的需求有一种明确且敏锐的特殊直觉，有助于让你在遵守原则与自由灵活之间取得平衡——前提是你没有把这种天赋的作用本末倒置。

1.

高敏感的妈妈和高敏感的孩子

- 疲惫的妈妈，不安的孩子 -

在你的家族中，很可能不止你一个人是高敏感者。**遗传研究表明，高敏感的特质是与生俱来的，因此也有可能遗传给后代。**这就意味着，高敏感的你可能会有一个高敏感的孩子。现在也有很多关于高敏感儿童的研究。在本书中，我希望重点探讨孩子的高敏感特质（或非高敏感特质）对高敏感妈妈产生的影响。人们对此有不同的观点，我们将在接下来的内容中进行分析。

如果你是一个高敏感的妈妈，你可能很容易就会达到自己的极限。正如我之前所说，感官过载和过度刺激的威胁会一直伴随着你。你可能很快就会变得精疲力竭、疲惫不堪。因此，仅仅是孩子的存在就会让你感到劳累，更不必说在照顾孩子时还需付出更多的精力了。其实相较于其他人，你需要更多的休息时间来恢复自己的能量。有时候在白天，甚至在孩子精力充沛、想和你一起玩耍的时候，你也会突然间感到疲惫乏力、一动也不想动。

有个妈妈告诉我，她因为自己情绪的不稳定而遭受了很多痛苦。有时候，她正充满热情地与孩子一起进行手工、烘焙或其他活动，突然之间，她就觉得当下这一切都让她应接不暇。她痛苦地发现，自己的女儿已经对她产生了一些戒备心理，因为她发现妈妈会突然变得紧张、不耐烦，还有一股无形的压力笼罩在身上。**这种从友善、亲近、融洽转变为冷淡、退缩和疏离的表现会让你的（高敏感的）孩子感到不安。**因此，你在照顾孩子方面会感到更加力不从心。

同时，高敏感的孩子还需要更多的照顾。尽管他们可爱而真诚，但他们比普通孩子更需要父母的关注。他们似乎需要确保自己与照顾者之间的关系永远是紧密的。此外，高敏感的孩子往往发育得较晚，这意味着当同龄人已经可以独自交友或独自外出玩耍时，你的孩子仍然需要你的陪伴才能感到安全。因此，这种陪伴的需求会使你感到焦虑，并且孩子很可能不满足于你只是坐在一旁，而是希望你也参与到他们的游戏中来，成为一个玩伴，即使当时已经有其他孩子陪他们玩。此外，你的高敏感孩子也会像你一样受到过度刺激，但他们并不知道有什么策略可以应对，所以更有可能表现出暴躁、攻击性或悲伤的情绪。对你来说，这又是育儿生活中另一个过度刺激的来源。

当两个高敏感者相遇时，他们的敏感特质往往会被成倍放大。高敏感的孩子拥有一种特殊的天赋：他们就像一面镜子，在日常相处中，他们会对我们的行为表现做出反馈，通过这些反馈我们可以重新认识自己。如果我们表现得冷静自持、心满意足，他们也会保持平和的心态；如果我们感到压力和紧张，他们也会有类似的反应。随着孩子不断长大，他们能够准确无误地指出我们那些不愿示人的弱点。通常，高敏感的孩子具有很强的正义感，他们能准确地感知他人是真心认同自己，还是在做表面功夫。他们会审视我们是否能够言行一致，并指出其中的虚假之处。

正如前文所述，高敏感的妈妈和其他所有高敏感者一样，常常需要一定的时间来整理并形成自己的观点，因此即使面对完全一样的情况，她们每次做出的反应也可能是完全不一致的。这就会使她们的孩子感到十分困惑甚至是愤怒。高敏感的孩子通常需要明确的事实和稳定的规则，以及来自他人善意的理解。但正是由于孩子的这些高要求，许多高敏感的妈妈才感到育儿生活难上加难。

- 善用你的特殊直觉 -

然而，这种特质并非只有负面影响。一位高敏感的妈妈告诉我，她总能敏感地察觉到宝宝什么时间会饿。即使在夜间，她也能及时醒过来，凭直觉知道宝宝需要什么，所以她的孩子几乎从不哭闹。**高敏感的妈妈通常对孩子的需求有一种明确且敏锐的特殊直觉。**然而，当孩子渐渐长大，并与外界环境有了更多接触时，许多妈妈就会忘记要相信自己的直觉。我经常与高敏感的妈妈交谈，她们认为自己缺乏自信，甚至不知道怎样让生活变得更好。但在这些谈话中，我感受到她们身上几乎都有一种力量——直觉，但她们却不敢运用。她们会说："是的，如果我能按我想的方式去做，我会……"，或者"事实上，我一直想……"，甚至还有人说："如果我和女儿单独生活在一起，我就非常清楚该如何教育她，我有我自己的一套方法。"

不过这种高敏感妈妈的教育风格——细致且关注孩子的需求——似乎不太符合当前的育儿模式，也与以成绩为导向的儿童和青少年发展观不太合拍。然而，近年来，随着社会结构的变化，越来越多的声音开始呼吁人们对家庭教育进行反思。在经济、政治和教育领域，人们正努力想要寻求对人类更敏锐的感知、更全面的理解。

这种反思与进步给高敏感者提供了一个机会，让他们的声音被大家听到。高敏感的妈妈应该抓住这个机会，寻找志同道合的人，多和那些能够与你感同身受的妈妈们进行交流。这些交流将给你力量，让你能够坚持实践自己的育儿理念，并强化你的自信，因为你知道还有其他一些母亲和你抱有同样或类似的想法。结识一两个这样的人通常足够为你提供一个健康的平衡心态。你必须确保你的教育观念与自己的价值观相一致，并且具有持续性。但你需要认识到，这做起来其实并不容易，我想起了下面的这个例子。

当我的孩子还很小的时候，我并不鼓励他们与陌生人握手或打招呼。对我来说，这种礼貌教育似乎是一种机械的训练，我对此非常抗拒，我认为孩子应该自主决定与谁握手、和谁打招呼。然而，随着我的孩子逐渐长大，我越来越意识到，培养他们礼貌和得体的行为同样非常重要。由于受到早期教育方式的影响，我的孩子很少主动与人握手或打招呼，这让我感到非常尴尬，可惜早些时候我并没有意识到过早地在教育中追求自主权会给孩子带来什么后果。所以，我需要提醒你，请尽量具体地想象一下你的教育理念可能会带来的后果，然后再慎重地决定你是否要开始实践或者一直坚持这些教育理念。

- 别担心，孩子不会重复你的命运 -

如果你有一个高敏感的孩子，你可能会注意到他／她与你有许多相似之处。你可能会将你的孩子和小时候的自己进行比较，并且发现他／她的性格和你一样，害羞、敏感、容易生气，并且朋友也不多。尽管存在这些相似之处，但你必须意识到你的孩子是一个独立的个体，他／她有自己的性格特点和生活方式，与你不是完全相同的，也不一定会重复你的命运。

有时，我们的个人经历会影响我们对他人的看法。因此，你会认为："我小时候就是这样的，我再清楚不过了。我一直就是一个喜欢幻想的孩子／我从未真正参与过什么集体活动／我一向十分敏感所以朋友很少，那我的孩子也必然会这样。"然而，这种想法会限制你的能动性，也会限制你的孩子所能拥有的机会。

举个例子：你很清楚你小时候不喜欢参加那种有很多陌生人的聚会。在这种情况下，你会变得很害羞，你通常都安静地站在角落里，很长时间都无法说服自己融入人群。现在你作为妈妈被邀请参加聚会，整个小区的人都来了，但你平时与他们很少接触。你观察到你的孩子变得很安静，有点害怕地躲在你身后，甚至和人群保持着几米远的距离，这时你想起了过去的自己。当你还是个孩子的时候，你害羞的反应会被大家嘲笑或忽视，所以今天你很担心别人也会对孩子的怯场做出同样的反应。然而，当你了解到高敏感特质后，你可以刻意改变自己的应对方式。例如，你可以与孩子提前想象参加这个聚会的场景，想象每个人的样子，一起商量用什么方式打招呼，并向孩子提前说明出口的位置，以便他 / 她可以随时离开。也许孩子可以带一个自己的朋友一起去参加，或者，在他 / 她真的感到不自在或者想离开的时候，可以在聚会中离开。

所以，不要把你的孩子和你自己混为一谈，也不要对孩子的感受进行过多解读。你要相信，如果孩子真的需要你的帮助，他 / 她就会给你明确的信号，你可以与孩子事先商定好这些信号，比如要求和妈妈单独待一会儿。你需要做的是更多地倾听内心，相信你和孩子的适应能力。即使这些建议听起来似乎遥不可及，你可能现在还无法想象自己能以一种平静的心态面对孩子，但至少可以朝这个方向迈出一小步，从今天开始，你可以稍微改变对待孩子的方式，把他 / 她视为一个独立的个体。

在这种情况下，你的敏感特质就会成为育儿的优势，为你的孩子提供一种你可能从未拥有过的自由发展的空间。

2.
高敏感的妈妈和非高敏感的孩子

- 想要安静的妈妈，充满活力的孩子 -

如果你是一个高敏感的妈妈，而你的孩子不是高敏感者，那么在这种情况下，你可能更容易受到孩子情绪的影响，从而受到过度刺激。如果你的孩子非常活跃、喜欢尝试各种新鲜事物，并且性格外向，那么你可能很难在生活中获得内心的片刻宁静。

我还记得，当我和我那个时刻充满活力的小儿子在一起玩耍时，我常常会感到孤独和疲惫，这让我非常绝望。他到底在玩什么呢？他为什么这么兴奋？很长一段时间内，我都认为他玩耍的方式一点都不"正常"，他的游戏总是充满破坏性，还会将乐高积木扔得到处都是，我的脑袋总是因为他兴奋的叫喊声而嗡嗡响个不停。他的冲动是如此强烈，以至于我的神经系统受到了极大的冲击，这让我感到非常紧张和烦躁。即使十三年过去了，我仍然能回想起当时压力重重的感觉。面对这个充满能量的小家伙，我根本无能为力；而当他晚上睡觉时，我又不知道该做点什么让自己恢复精力。即使你的孩子只是和其他孩子一样活跃，你也仍然会感到身心俱疲。想要在繁忙琐碎的育儿生活中得到休息又是一件很难的事情。

此外你可能会发现，你的孩子并非总是像你一样小心翼翼地对待别的人和事。孩子不太会捕捉你微小的情绪变化，而是更容易接受你发出的明确信号；即便你有较强的情绪波动，孩子也不会做出太强烈的反应。**与这样的孩子相处，需要高敏感的妈妈改变自己的思维方式。当她们以温和且隐晦的方式引导孩子时，非高敏感的孩子通常不会有太大的反应。**因此，高敏感的妈妈需要通过与非高敏感孩子的交流，厘清自己的思路，便于自己能够简单明确地发出指令。

在这个过程中，非高敏感的孩子也会受益。因为高敏感的妈妈具有极强的同理心和辨别力，这都有助于向孩子展示一个多角度的世界，让他们看到对待同一事件时，我们可能存在的各种不同的思考、感受和解决方式，有利于孩子发展出灵活多样的思维、情感和行为方式。

就界限而言，非高敏感的孩子可能很容易就"踩到"高敏感妈妈所设定的"红线"，比如追求过于亲密的身体接触、说话或吵闹的声音太大、总是喜欢争论、经常和父母争吵，等等。 为了更好地应对这种压力，防止过激反应，我建议你在遇到"红线"问题时保持冷静的心态，与自己和平相处。当然这在实际生活中往往很难做到，但是为了避免随之而来的内疚和焦虑，这是你迫切需要练习的。

在与非高敏感的孩子相处时，如果他们做出了一些不当行为，你可能会以为这是故意针对你的。这时候你需要一个内在的声音，向自己发出停止信号，否则这很容易破坏你与孩子的亲密关系。没有哪个孩子会有意识地与妈妈对抗，或者故意做出错误的行为，只为了让妈妈难堪。**如果你坚定地认为孩子的行为就是在有意针对你，请静下心来思考一下为什么会产生这种想法，当然也可以寻求专业人士的帮助。**

正如我多次强调的那样，你的经历、你脆弱的自尊心和完美主义倾向都有可能让你产生这种痛苦的想法。你需要明白，即使你作为妈妈犯了错误，你的孩子依然会爱你，并且他／她的任何错误行为也是成长中不可或缺的一部分。在这个过程中，为了健康的亲子关系，有时候也可以寻求专业咨询师的帮助。

- 没有完美的亲子组合 -

　　根据我的观察，很多妈妈在不同领域都具备不同的才能。有些妈妈能够充分享受亲子时光，从做手工、玩游戏到唱儿歌，她们能够体验到真正的育儿成就感。有些高敏感的妈妈也可能属于这一类别。另外，还有一些妈妈，她们在与孩子相处的最初几年中没有找到太多乐趣，更多的是席卷而来的疲惫感，她们更倾向于让孩子独立玩耍，而她们的才能则更多地展现在与青少年打交道的过程中，即孩子稍微长大一些之后。她们喜欢与成熟一些的孩子进行有意义的对话，探讨关于世界的话题。所以她们反而会在养育青春期孩子的过程中，找到育儿早期遗失的幸福和成就感。

　　总之，没有哪种亲子组合是完美的。你需要观察你与孩子之间的互动，并留意哪些地方可能需要你做出改变。值得庆幸的是，当你作为一名高敏感妈妈，却能够对生活保持平静和充满力量时，你就会变得更有创造力，也更具解决问题的能力，并更有可能发现新的方法。有时候，一些看似不起眼的小事，却能让你充分放松，感觉更加自在。

　　此外，如果你有不止一个孩子，请注意不要过分关注孩子们之间的冲突。如果你非常看重和谐（很多高敏感者都是如此），那么孩子们之间的争吵可能会给你带来巨大的压力。

孩子们之间可能会吵闹、拌嘴，有时候甚至发展成肢体冲突，哭闹不止。在这种情况下，你更需要全身心地专注于自己，不要急躁，并试图在平静中调整自己的状态。**特别是当你的孩子们发生冲突时，你可能会发现自己的观点和情绪基本上来源于你的个人经历。**在他们争吵之时，你可能会清晰地回忆起，小时候在与哥哥的争吵中，你总是处于下风；或者你与妹妹之间一直存在竞争和嫉妒。然后你突然发现，你把你的孩子们看作自己童年生活的重现，并在自身经历和感受的基础上推测他们对这场争吵的看法和感觉，这就像重新目睹你过往的生活。尤其当你同时拥有高敏感和非高敏感的孩子，你会更倾向于保护高敏感的孩子，以免他们受到非高敏感的兄弟姐妹的攻击。

- 育儿力量的源头 -

自从我开始撰写这本书以来，我经常在研讨会上有意提及关于母性和高敏感的话题。有时候，这会引发一场小小的争论。年轻的女性经常问，人们到底能不能为成为妈妈做好充分的准备？对此，我的回答如下：我们永远无法真正设身处地地想象有了孩子之后的生活。即使有年长且阅历丰富的妈妈为你传授经验，你也无法通过别人的描述真正体会到做妈妈的感觉。**在**

我看来，让自己做好准备的唯一方法只有充分了解自己，接受自己的局限性，并将自己的高敏感特质视为一种天赋。这是你成为妈妈的前提，也是你与孩子建立良好关系所需的土壤。

如果你觉得有必要为成为妈妈做好准备，那么就从今天开始问问自己：我的高敏感特质让我拥有了哪些天赋和优势？就像每枚硬币都有两面一样，你也可以从不同的角度看待每一种特质。比如，你的同理心将帮助你更好地理解孩子；你的高度感知能力能够让你在早期阶段准确感知到孩子的真实需求；你的强大直觉也可以为你指引方向，有助于你在遵守原则与自由灵活之间取得平衡；你超乎寻常的丰富的想象力可以带领孩子进行奇妙的旅行和冒险，前提是你没有把这种天赋的作用本末倒置，比如用于想象孩子一旦离开你就会陷入灾难的可怕情景，或者过于担心他们性格中的一些小弱点会导致未来的黯淡。

请相信自己，你的高度敏感特质可以成为智慧和力量的源泉。

3.

再次强调：练习保持距离

- 保持距离的具体方法 -

为了让高敏感特质的优势充分发挥出来，我建议你与自己保持一定的距离，站在一个相对客观的角度审视自己的感受和行为。或许你会自问：我的情绪时常困扰着我，让我总是心神不宁，无法从思绪的旋涡中找到出路，这是怎么回事呢？如果你经常出现这样的情况，那么可以回想一下我在前文所述的不同层次的感知，在专注身体感觉的前提下，试着将其分离开来，即区分哪些是事实，哪些是你头脑中产生的情绪，这可能会对你厘清思绪、平静内心有所帮助。

　　也许你觉得目前最紧迫的事情是掌握更具体的方法，那么可以参考下面的一些做法。在我的心理咨询过程中，我经常使用不同符号来代表生活中的不同领域。比如，通过在桌子上放置不同的图形，可以让来访者在内心中初步建立一些秩序。首先，我们会将生活涉及的主题列出来，并且将相应的图形摆好；然后，我会要求来访者感受一下哪个主题对他／她而言最为重要；最后，我们会深入聊聊如何处理这个主题的问题。你也可以尝试这种方法。

　　具体做法是，你可以在家中收集一些尽可能"中性"的物品，即不会唤起你强烈回忆或情感的物品，然后给每个物品分配一个主题。比如，把一个茶杯拿出来，它的主题是"家务"。像这样，所有与你有关的事情都可以成为一个主题，包括但不限于你的伴侣关系、亲子关系、信仰、财务状况、家务、你与孩子老师的交流以及其他任何你在意的事情。然后，把这些物品放在面前摆好，感受一下现在对你最有吸引力的主题。通常这是一个凭直觉做出的选择，不必通过理性的思考。你的大脑可能会立即做出反应，出现比如"想要处理财务问题"的声音。但是如果你多给自己一些时间，你可能会发现，自己潜在的理性并不完全同意这个观点，而是更希望首先处理比如伴侣关系之类的问题。这个小练习可以帮助你与自己的感受保持客观的距离，从而从纷繁的思绪中解脱出来。通常情况下，这种方法是十分有效的。

这个方法起效的原理很简单：大脑中的情感中心负责情绪和情感运作。每当我们有所感受时，这些情感中心就会被激活。由于高敏感者通常一直有着强烈的感受，这些情感中心在他们大脑中更容易被激活起来。这方面的确凿性尚待研究，但如果这种假设是正确的，那么高敏感者对于事件的经历和体验主要是在情感层面展开的，也就是说，他们不断激活大脑中的情感中心，来获得对某个事件的体验感。然而，这样造成的结果是他们时常感到自己被困在情绪的旋涡之中，动辄无法脱身。

幸运的是，大脑中还有另一个工具可以帮助我们对抗持续的情绪化，那就是分析能力。**每当我们从外部看待某件事情时——例如像上面描述的练习中那样做，我们便可以激活自己的分析能力。**我认为大多数高敏感者一生都习惯于情绪化，以至于他们没有意识到自己也具备分析的天赋。这种天赋有点像体育运动：通过频繁的训练，就能做得越来越好。所以请记住，在具有强烈直觉天赋的同时，你也具备反思和分析的能力。请充分利用它！不过需要注意，尽管对自己进行观察和分析的确能够激活大脑的分析中心，但过度分析与观察自己的感受、将自己放在过于重要的位置也是一种情绪化的表现！

除激活自己的分析能力之外，另一个保持客观距离的方法是想象自己站在内心世界里并向旁边迈出了一步，就像准备从外部角度观察自己一样。在你的情绪快要失控时，可以先站直身体，然后向左或向右迈一步。通常情况下，这个小动作能够帮助你更客观地看待眼前的困境。当你从新的角度观察自己和事件本身时，你的脑海里自然就会产生如何应对这种情况的想法，你也不必因为疲惫或紧张而陷入不知所措的慌乱中。例如，你拒绝给五岁的孩子买巧克力，他愤怒地拉住你，当众大声责备你是个多么刻薄的妈妈，这时你可能会感到尴尬、愤怒和受伤，但此时你仍然可以尝试用这个方法帮自己的心灵脱困。

- 个人空间必不可少 -

与自己保持一定的距离并不意味着完全隔绝自己的情感，或者建立一道厚厚的心墙，而是需要我们不过分看重自我的存在，并始终认识到还有其他感知事物的方式和解决问题的方法。当你开始锻炼分析能力时，你可能会感到情绪被"堵住了"，因为毕竟它需要一个释放的出口。如果你也有这样的烦恼，那么可以试着为自己创造一个自由表达的空间，你可以在其中完全释放被压抑的情绪。例如，你可以写下自己所有的感受，也可以在日记中详细描述你的观点，或者在任何你想写的时候零星地记录下来。你也可以通过图片来表达你的感受，因为你或许恰巧具备将感受与颜色联系在一起的能力。或许你还可以与最好的朋友进行一次深入的对话，彻底倾诉内心的不满。

不止于此，在物理意义上保持一定的距离对情绪释放也是有帮助的。比如你可以考虑独自度过一个周末，每年至少安排两次这样的独处机会——没有伴侣，没有孩子，如果可能的话，还可以尝试从熟悉的家庭环境暂时脱离出来，这样你就可以在另一个空间重新认识自己，重新感受自己是一个独立的个体，而不仅仅是孩子的妈妈。

我已经养成了这样的习惯，无论多忙，我每年都会给自己创造几天这样的自由空间。虽然我的家人需要留出一段时间来配合我的安排，但每次回家后，我都会感到更有活力，面对家人时情绪也更加稳定。这段经历会在很长一段时间内让我的灵魂受到滋养。

当然，当我们的日常生活变得难以承受时，我们不可能总是选择暂时消失，但在生活中合理地安排好能够进行自我修复的个人空间也是很重要的。尽管你经常会因为没有时间独处而感到痛苦，但是当你第一次争取到一个独处的周末时，你甚至会感到孤独；当你终于有了可以自由支配的时间时，却发现不知该如何利用这段闲暇时光。这可能会让你感到大失所望，毕竟你希望能从空闲时间中得到放松，但最终意识到自己不能得偿所愿。这种经历可能会让你怀疑其意义所在，甚至导致你半途而废，不再积极争取类似的独处机会。但其实这些事情就像训练一样：你需要在实践中不断摸索，最终学会利用好你的时间，以使自己归来时更有活力。不必因为一次糟糕的经历就轻言放弃，你只要悉心观察自己的表现，并思考如何让休息时间更加舒适即可（这激活了分析能力）。

请记住，这样的时间对你来说是绝对必要的，你可以尝试用各种活动来填充这段时间。很多妈妈渴望送孩子去上幼儿园，认为这样就有更多的时间可以留给自己了。然而，当她们意识到，即使拥有了这些宝贵的时间，也只能无所事事时，她们会感到非常惊讶，最终，她们只能把宝贵的独处时间用于整理家务了。**我们大可不必因为"无所事事"而焦虑，重要的是我们在这段属于自己的时间中感到自在轻松，这本身就是一种休息。**

- 与现实世界连接 -

同时，我们要避免走向另一个极端，也就是说，我们不必非要让内心的钟摆向相反的方向摆动，更不必时刻剖析自己，并与自己的感受保持客观的距离，而是应该在感性和理性之间找到一种平衡。与其困惑于世界对你的不公平，抱怨为什么自己是高敏感，为什么生活让你如此疲劳（这种困惑和抱怨激活了情感中心），不妨思考是什么原因导致你产生"世界对我不公平"这种感觉（这种思考激活了分析中心）。

练习保持距离还有另一个效果：许多高敏感者的内心世界十分丰富，充满着改变世界的创造性想法，这就让他们像"空中飞人"一样。罗伯特·施耐德（Robert Schneider）[①]的作品《空中飞人》（*Die Luftgängerin*）就描述了这样一个高敏感的女孩。空中飞人很少接触地面，因此他们在现实世界中感到无所归属。保罗·克利（Paul Klee）[②]可能也是一个高敏感者，他曾这样说过：

> 在这个世界上，人们无法理解我，
> 因为我或者与已逝者同在，
> 或者与尚未出生者同在。
> 我更接近创造之核心，
> 但离之仍然遥远。

尽管在不同世界之间徘徊是一种珍贵且值得保护的天赋，但对于所有年龄段的高敏感者来说，他们都需要脚踏实地，让自己与现实世界完全连接、保持平衡并全身心地感受当下。在这方面，你的孩子会给予你很大的帮助！因为在我们帮助孩子

---

① 德国当代作家。

② 瑞士艺术家，其作品包括版画、水彩画等形式，融合了印象派、包豪斯、表现主义等多种风格。

成长的过程中，他们会迫使我们以现实的方式思考，使我们遵循一定的生活节奏并直面真实的生活。

有许多方法可以让你的生活更加"接地气"。例如，你可以多养一些植物，甚至可以在阳台上布置一个小花园，通过与土壤接触，我们可以用一种非常自然的方式放松，从而使我们的生活更加"接地气"；或者你可以养成定期登山的习惯，对许多高敏感的人来说，与大自然互动是一种幸福感满满的体验。顺便说一句，这些活动对于你的高敏感孩子也非常有好处。在你们共同的生活中，你们也可以一起探索其他接触自然、体验自然的方式。

4.

用饮食舒缓敏感度

- 对各类食物的敏感反应 -

有研究表明，高敏感者对食物的反应也十分强烈。在研讨会上，我经常能遇到一些学员，他们对某些菜肴或个别食物有过敏的情况。由于对这些食物的不耐受，他们要建立相当复杂的饮食结构，这使得他们在别人眼中显得十分奇怪。关于饮食和高敏感的问题，我注意到有些高敏感者往往极其在意食物对身体的影响，所以他们通常刻意去感知，尽量完美避开所有他们认为自己不耐受的食物，或者拒绝尝试新的菜肴，并因此而沾沾自喜，甚至感到自豪。

我们当然应该认真对待饮食问题，但是高敏感者往往因此受到影响，如果他们认为环境必须适应自己的想法，那么改变饮食习惯将会非常困难。如果有人每次去餐馆或受邀到朋友家做客都需要一份复杂的"可食用"食物清单，那么这个人很快就会被朋友视为"难伺候"的人，从而影响自己的社交关系。但是，某些过敏症状的确可能会引发严重的身体反应，我们当然也不能忽视。我上面所说的情况并非针对这些严重的病症，而是适用于自身对食物持有过度敏感和谨慎的态度，但实际上身体不会产生任何不良反应的情况。**一方面，它根植于高敏感者的感知方式，另一方面，也可能因高敏感者对周围真正过敏的人的饮食习惯总是细致观察而得以强化，以至于一段时间之后，他们就很难区分出什么是真正的天生特质，什么是后天被加强的敏感特性了。**

在我看来，高敏感者并不一定要对自己的敏感性过度包容，留出相当大的"安全空间"。更重要的是，我们要探索一些自己可以尝试的领域。毕竟，我们的目标并非提倡一种自恋式的自我反省，而是当我们在处理高敏感特质的相关问题时，要变得更有能力、更加自信。在下文中，我想给你提供一些关于饮食的思考，这些思考源于我自己的经验和来访者的反馈，希望你能从中获取一些有益的建议。

许多高敏感者对咖啡因的反应尤其强烈。我花了很长时间才意识到，我的身体承受不了咖啡因的影响，因为每次喝完咖啡几个小时后，我仍然会感到身体颤抖、内心紧张不安。而在所有咖啡中，卡布奇诺的效果就没有这么强烈，饭后喝浓缩咖啡时我也能很好地消化。我发现，这是因为咖啡的不同制备方法会对咖啡因产生不同的影响。此外，适量地加入奶油和糖还可以进一步减轻咖啡因对身体的影响。

对高敏感者来说，含有咖啡因的饮料及其令人紧张的副作用并不适合他们。不仅如此，像可乐这样的饮料也只能适度饮用。

除了土豆和根茎类蔬菜，肉类也是能让我们更"接地气"的好食物。许多高敏感者出于道德方面的考虑选择了素食。你可能觉得素食的饮食习惯很好，毕竟作为肉类的替代品，素食也可以做得非常美味且营养丰富。但就我的个人经验而言，这些替代品没有肉类那样的效果。如果你想坚持素食的饮食习惯，那么你就需要在生活的其他方面做一些能让你"接地气"的事情，比如经常外出晒太阳或登山。然而，在购买和食用肉类时，你也要考虑一些因素。例如，研究表明，进入屠宰场的动物所释放的压力激素也会进入肉中，从而被消费者吸收。我完全相信，高敏感者也可能对此产生反应。出于这个原因，我建议你谨慎选择肉类的来源和产地，尽量多吃有机食品。

对于高敏感的人来说，温暖的环境也是一个非常重要的因素。无论是天冷时保暖的外衣，还是饥饿时温热的食物，温暖总是给人一种环抱式的安全感。对于高敏感的灵魂来说，这种环抱式的保护是必不可少的，它总是能够给人带来温度和力量。因此，高敏感的人应尽量避免摄入冷食冷饮。

　　谷类食物也能给人踏实和坚定的感觉。有位母亲告诉我，她会将大麦粥、杏仁糊和各种果仁混合在一起，在晚餐后给孩子们煮一份食材丰富的粥作为甜点。即使孩子长大了，有时候我们也可以尝试这个食谱。不过有些孩子会拒绝吃自己不喜欢的东西。因此，如果孩子的体重在正常范围内，且没有慢性疾病的困扰，那么你最好避免强迫孩子进食，而且可以一起探索你们喜欢的食物。一些高敏感的人对高脂食物也会感到很难消化，在这种情况下，尽量选择食用优质的油脂，并注意每次的摄入量，这样可以让自己在食用过程中获得更好的体验。

- 找到自己的"保护壳"-

　　如果可能的话，和孩子一起用餐也可以创造一个温馨的家庭环境。尽管这并不总是可行的，特别是当你有全职工作的时候。但至少在晚餐时，我们尽量让全家人坐在一起用餐。如果有可能的话，吃饭期间尽量不要讨论亟待解决的任何问题，而是专注于共度温馨的时光。除了食物之外，毛毯、舒适的厚枕头和关心的话语也能给人温暖的感觉，这种感觉就像"保护壳"一样，温暖又充满安全感地包裹着你和孩子的灵魂。

在这里，我想和大家分享一个关于"保护壳"的小故事。由于参与研讨会和讲座等活动，我经常需要站在许多人面前发表观点和言论。尽管我在这方面有很多经验，但每次研讨会和讲座都是独一无二的，不仅活动场所的氛围和设施千差万别，我遇到的人也各不相同。总而言之，我基本上无法预知下一秒会发生什么。多年来，我已经从丰富的经验中获得了一些安全感。但由于我自己的高敏感特质，我的感觉并不总是如此淡定、自信。有时我还是会感到紧张，虽然看起来相对平静，但总是有心跳加快的感觉。起初，当我在人群面前不那么自信时，我养成了一个习惯，就是每到一个陌生场所参加活动时，我都会携带我最喜欢的一条披肩。它是一条明亮的粉红色披肩。在布置会场时，我会把披肩挂在我的椅背上。如果我感觉受到攻击或不安全、不自信时，我就会把披肩披在身上，然后立刻就有了一种被保护的感觉，就仿佛我戴着真实的保护壳。随着时间的推移，我越来越不需要使用这个"小技巧"了，甚至经常忘记带着它。对我来说，从有到无的转变，给我发送了一个明确的信号，它暗示着我：我不再需要它，我已经形成了坚硬的内在"保护壳"。

也许在你家里也有一条你最喜欢的披肩或围巾，它们可以在陌生环境中为你提供安全感。每当你面对令你紧张的对话，比如与老师谈话时，这种简单的小方法都可以形成坚硬的"保护壳"，帮助你感到更安全。试试看，它非常有效！

5.

高敏感妈妈的婚姻关系

- 当你的丈夫也是高敏感 -

如果要写一本关于妈妈的书，那么为了描绘出她们完整的生活图景，就必须提及这些女性生活中的男性角色。因为提及妈妈、谈到家庭，就不可避免地会涉及我们的伴侣关系。无论你是已婚、分居、单亲还是离异，你的孩子都有一个父亲。作为父亲，无论他是否与你生活在一起，他都会影响你和孩子的生活。

现代社会中存在着多种不同类型的伴侣关系。也许你的伴侣也是一个高敏感的男性，在你们相识之时，你觉得他能够完全理解你，并且对你的情绪做出同样敏感的回应，时常尝试给予你关怀和照顾，所以他可能让你的内心突然感到非常踏实和温暖。即便他高敏感特质的表现形式可能与你的截然不同，但你们通过共同努力，仍然可以求同存异、和平共处。基于这些原因，加上你内心强烈的直觉，你最终选择和他在一起，并走进婚姻的殿堂，现在你们一起分享生活、组建家庭、照顾孩子。

如果是这样的话，我希望你的丈夫能像你所期待的那样，能够对你一直细心呵护，愿意帮助你渡过生活中的难关。作为一个真正的伴侣，除了每天的工作之外，他也应该承担一半的家务责任，积极参与家庭决策，并主动参与到抚养孩子的工作中来。同时，最理想的状况是你们能像没有孩子时那样愉快又坦诚地交谈。如果你拥有这样一位杰出的伴侣，那么你应该对此心存感激。

然而还有一种十分常见的情况，如果你是一位高敏感的女性，而你高敏感的丈夫把所有精力都留给了工作，在晚上回到家时只觉得精疲力尽，只想通过休息从白天的过度刺激中恢复过来。当两个高敏感的伴侣面临压力时，他们在面对彼此时就会变得异常敏感，以至于有时他们很难相信对彼此的爱。基于一些高敏感者的个人成长经历，他们可能会感到更加孤独。

当两个高敏感的伴侣彼此相遇，在放松的时刻他们当然会感到非常踏实，但在面临压力的情况下，二人的崩溃程度也会更加强烈。对一个高敏感的妈妈来说，这要求你学会更好地与自我相处，善于感知自己的身体状况，并尽量将注意力集中在进展顺利的事情上，时刻保持一种乐观的心态。特别是在困难时期，你要意识到：无论事情是顺利还是糟糕，你都是那个强大的自己，你的内心早就具备了应对当前情况所需的全部能力。有了这种意识，你与孩子的相处也会变得更轻松，并且能度过伴侣关系中的艰难时刻。

- 当你的丈夫不是高敏感 -

如果你与一个非高敏感的伴侣生活在一起，在某种程度上，你们可能缺乏对彼此的理解，也很难理解对方感知世界的方式。高敏感者同样难以理解"为什么一个人可以如此迟钝"，就像非高敏感的男性很难理解他们的高敏感伴侣一样。有时，高敏感者的高度感知能力甚至对最为体贴的伴侣来说也是过于敏锐的。

许多高敏感的女性都会犯一个错误，就是过于坚持自己的感知是正确的。然而，在生活中，其实很少有完全"正确"的事情，有一点"迟钝""模糊"未免不是一件好事。高敏感者可以从不敏感的伴侣身上学习如何坚持自己的观点、如何建立社交关系和与人协商等；而不太敏感的伴侣也可以从高敏感者那里学习暂停思维的思考方式，让自己做事时更加深思熟虑、三思而后行等。在我们观察和感知他人的过程中，隐藏着我们发展自己、塑造自己的可能性。然而，这需要我们以开放的心态看待别人，并愿意以人为镜塑造自己的内心世界。要做到这点并不容易，因为在现实中，这面"镜子"常以批评的方式出现，这使得许多高敏感者难以接受。

别人的行为或不同的性格特征直接触碰我们的"痛点"，引导我们达到自己的极限，并提醒我们什么才是生活中最重要的事情。作为一个高敏感的妈妈，你可能特别容易理解这种感觉。在这些时刻，你要注意，不要让自己陷入消极思维的旋涡中，如果我们内心发出了停止的信号，我们要适时运用它，努力从旋涡中挣脱出来。

我认为，作为一个高敏感妈妈，你首先要向丈夫明确你的高敏感特质，讨论它会以什么方式表现出来，共同思考如何避免给你带来额外的负担、如何在你感觉糟糕的时候提供帮助。在日常生活中，你们可以尝试一些方法，例如设立特定的家庭分工或是家庭仪式，他可以为孩子准备午餐或每周打扫一次屋子。你可以将你的想法列成清单，但同时注意不要期待过高，即使一开始你的丈夫每周只做一次早餐，也已经是在朝着减轻你负担的方向改变了。毕竟，做出改变的基本前提是你的丈夫能够理解和包容你的高敏感特质。同样重要的是，你要感激他为了支持你所做出的努力，即使一开始可能收效甚微。伴侣间的相互尊重是不可或缺的，你们每个人都应该清楚对方在尽力为彼此减轻压力。

我还记得在第一次婚姻中照顾两个孩子时，我感到压力巨大、疲惫不堪，于是将自己的状况归咎于我的丈夫。很快，我意识到自己陷入了唠唠叨叨的"怨妇"角色中，而我的丈夫并没有与我共同讨论我生孩子之后的变化，也没有深入反思我疲惫的原因，只是默不作声忍受着现状。结果就是我的抱怨从来没有得到过他的回应，我因此变得越来越愤怒不满；而他也完全无法理解我这看似荒谬无理的情绪，最终忍无可忍。久而久之，我们完全失去了对彼此的尊重。

为了避免这种情况发生，我建议你与丈夫共同思考你的高敏感特质。他也许很难理解你当前的内心需求和期望。你也许有一种模糊的感觉，认为他可以并且应该做更多的努力，但具体该做什么呢？为了避免谈话演变为双方的相互指责和推诿，你们需要事先仔细思考各自的需求，并明确自己期待对方在哪个层面（实际行动的、精神情感的或身体的）上支持你。前文提到的保持距离的练习将有助于你发现这些问题的答案。

- 对婚姻的思索 -

在接下来的内容中，我将引导你进行思考，你可以从中选择更适合你实际情况的问题探索答案，或许你还会有自己想补充的方面。

你需要考虑：

- 你的婚姻关系是否让你感到快乐？

- 你对丈夫有什么期望？

- 你对自己有什么期望？

- 你希望从丈夫那里得到什么？

- 你是否更愿意逼迫自己每件事都亲力亲为，还是更愿意接受帮助并与他分担照顾孩子的责任？

你也许可以从以下的建议中得到灵感：

- 拥有一个属于自己的"自由之夜"，每周安排一个晚上的独处时间。

- 在家务方面得到支持。

- 让孩子在幼儿园、学校或托管机构就餐。

- 好好利用周末时间，外出游玩放松。

- 为自己安排一个专属的休息空间，可以是一个房间或者是一把椅子搭配你最喜爱的盖毯，在需要的时候放松一下。

来自伴侣的有效支持可以有多种多样的形式，有时是实际的行动，比如洗衣、清扫或做饭；有时仅仅是倾听和分享。还有其他形式的有效支持，比如：

– 分担洗碗的责任。

– 晚上花时间一起聊天，分享自己一天中的经历。

– 每周一起做一次饭。

– 倾听且不加评判。

- 分担家庭责任，珍视自己 -

在一些文化中，孩子会由整个家族共同抚养长大。我们有时会读到非洲的族群生活或喜马拉雅高山居民聚居的报道。在研究这些文化时，我注意到，一方面，这些社会的凝聚力非常强大，从最年长的老人到最小的孩子，每个人都有相同的人生观和价值观，并以此作为生活的准则。另一方面，抚养孩子的责任并不完全落在母亲一人或父母双方的肩上，而是由整个家族共同承担。这与西方文化有很大的不同，因为西方文化中，最普遍的原则就是以小家庭为单位，母亲通常承担照顾孩子的主要责任。

当下有一些不同的发展趋势，例如越来越多的男性选择成为家庭主夫，在妻子工作时全职照顾孩子，尽管如此，女性仍然承担育儿的主要责任，这一状况是不会很快发生改变的。在当今社会，大多数妈妈仍然面临着独自照顾孩子的问题，身为妈妈必须在工作和家庭之间协调好关系，这几乎成了大家的共识，甚至女性自己也是这样认为的。也许妻子"自愿"决定留在家里照顾孩子，但这种意愿其实受限于女性自身的处境，例如是因为她的受教育程度较低、收入较低，而她的丈夫学历更高、赚得更多。不过，也许你不会质疑这种分工，你的丈夫也完全满足于现在的状态。所以，如果你们对此都感到满意，那任何生活状况或者分工形式都是没有问题的。

　　但当几年后，你突然意识到：照顾家庭本身就是一项非常繁重的工作，你经常因此感到精疲力尽，因没有假期或缺少属于自己的休息时间而苦恼，再加上你没有得到任何回报，问题就一触即发。这里所说的回报不仅仅是指缺乏现金报酬，而是指缺乏大众的认可。因为周围的人会逐渐认为，你所做的事情是理所当然的，即一个妈妈应该做的。我认为，想要获得别人更多的尊重，我们首先需要更多地尊重和珍视自己。你有必要坚持为自己留出独处或自由支配的时间，或在家里安排一个专属于你自己的休息空间，通过这种方式给予自己认可，尊重自己作为一个人的需要。同时，这非常有利于家庭成员关系的良性发展，因为这意味着你不必急于寻求别人的认可和尊重，而是能以更轻松、淡定的态度面对生活中的琐事，甚至是偶尔爆发的冲突。

6

单亲家庭和重组家庭中的高敏感妈妈

- 单亲家庭中高敏感妈妈的难题 -

尽管你已经尽力尝试和挽救这段关系，但你的婚姻最终还是走到了尽头。当你们决定就此离开对方时，你可能觉得自己摆脱了一场人生中最大的噩梦，但现在的你成了一位单亲的高敏感妈妈，生活接二连三地对你提出了更多的挑战。在一个女孩的人生计划中，肯定没有"主动成为单亲妈妈"这一选项。然而，生活有自己的游戏规则，它让我们明白：人的力量是有限的，我们无法预见和掌控一切，更无法让任何事情都按照自己的意愿进行。如果这本书对单亲妈妈避而不谈，那么它就不是完整的。

从我个人的经历来看：结婚十年后，我和第一任丈夫离婚了，当时我们的孩子一个才六岁，另一个也只有九岁。现在是我成为单亲妈妈的第八年。经过我的深思熟虑，我在此想给所有高敏感的单亲妈妈一些建议，希望能够帮助她们平静地接受自己的处境。我清楚地记得，在我的婚姻中，其实我早就感觉自己像一个单亲妈妈，因为不管大小，我遇到的每件事都需要我独自去处理，然而即便如此，我也没有对真正成为单亲妈妈这件事做好充分的准备。

离婚之后，我只和孩子们在一起生活，即使我此前认为这是一种解脱，但我也会惊讶地发现，原来我是多么的孤独。并且，由于我从始至终都是一个人，在面对自己是否要走这条孤独的道路时，我根本没有选择的权力。

离婚后重新安排自己和孩子的生活需要很大的勇气和很多的精力。如果你在离婚前没有固定的工作，只是在家里全职照顾孩子，那么你可能很快就面临着找工作的难题。此外，你可能还要和前夫打官司、分割财产、对抚养费问题进行谈判；你可能还会得到一个重新认识前夫的机会，从这个人身上发现你从未见过的另一面。你将被迫接受现实，而大多数单亲妈妈面临的现实是钱少、时间少、精力不足、对孩子感到内疚，同时又感到非常孤独无助。

- 你的强大复原力 -

到目前为止，我所写的关于高敏感妈妈的内容都同样适用于单亲妈妈。现在的你，由于没有伴侣为你减轻负担，会更加强烈地感觉到，作为单亲妈妈的你，必须为照顾孩子的每一刻付出代价。你不得不放弃自己追寻事业的可能性，甚至会因为生计问题而夜不能寐。尽管我描述的情景可能令人沮丧，但我确信，你已经具备度过这段至暗时光所需的能力。一个常见但令人惊讶的事实是：高敏感者的确往往更加脆弱和易受伤害，但在现实生活中的危机时刻到来时，他们却能勇敢地超越自我。高敏感者可以在必要时调动他们自己都不知道的力量。有一种抗逆力量可以帮助他们度过充满变化的时期，甚至能让他们变得更加坚强，科学界将其称为"复原力"。

简而言之，高敏感者在日常生活中的复原力相对较小，但在危机时期的复原力却非常强大。似乎有一种无坚不摧的内核在他们体内潜伏着，多年来一直在沉睡，只有在真正需要的时刻才会被唤醒。这是一个令高敏感人士备受鼓舞的想法，因为这意味着他们拥有足够的力量帮助自己走出生活的困境。现在你唯一需要做的就是更好地认识这种力量。所以，请时不时回想一下你曾经经历过的特殊事件，也许能够发现你在哪些情况下曾展现出这种惊人的潜能。

在这一点上，我们需要把身体力量和精神力量区分开来。在身体上，因为你必须时刻关注孩子的需求，你可能感到日子过得非常疲惫且漫长；然而，你的内心很可能知道你是坚强的，不会真正因此崩溃。在绝望的时刻，要记住这一点。

你可以假设你的孩子也拥有同样强大的复原力。有时候，你会因为不能给孩子一个完整的家而感到不安或内疚，也许你的孩子也会感到迷茫和慌乱。然而，孩子有一种奇妙的品质，那就是他们即使在逆境中也能很快地适应环境。

毫无疑问，父母离婚肯定代表着深刻的创伤，对于家庭中的任何一方来说，未来的生活都不会像以前那样了。特别是对于高敏感的孩子而言，我认为最好的方法是与他们坦诚地谈论这件事。即使这会让你感到尴尬或悲伤，也不要在孩子面前隐瞒你的情况。高敏感的你能感觉到别人对你有所隐瞒，那么你可以合理推断你的孩子也拥有这种洞察力。你可以明确且真诚地告诉孩子，目前的情况对你来说也很困难，但你们会共同应对，渡过难关。

即使在离婚初期，你会对男人感到厌倦，但几年后你仍然可能会再次坠入爱河。从一开始，这段新的关系就与你以前的婚姻有着不同的基础，因为这时的你是一个妈妈，孩子的存在会影响你与新伴侣的关系。

我知道有许多女性，无论是否高敏感，都会努力掩盖自己对于新伴侣和新关系的负面想法，将新伴侣身上令自己难以接受的缺点合理化，并尽量对此保持视而不见的态度。特别是高敏感的女性，她们倾向于掩盖与新伴侣的冲突，往往会为了和平的局面而保持沉默。尽管内心的声音早已对你窃窃私语，它不断地告诉你，实际上你的新伴侣并没有完全对你投入感情，但你仍然坚持维系这段关系，让自己变得更加卑微，认为这样会起点作用。如果你也在自己身上察觉到了这一点，我想对你说："要对对方有所要求，不要太容易满足！"当然，这需要你正确认知自己的价值。下面的问题可能会对你有所帮助：

– 如果你完全自由，你仍然会选择与这个男人在一起吗？

– 是什么让你选择跟他在一起，又是什么让他选择跟你在一起？

– 你的孩子怎么看待他？

– 坦率地说，你是否有时会感觉自己对于两性关系已经绝望？

– 你擅长独处吗？

– 你能够与他坦诚地谈论自己上一段关系结束的原因吗？

如果你真诚地回答这些问题以及类似的问题，你可能就会对自己内心深处有更清晰的了解，并且知道自己到底想要什么和不想要什么。然后也许有一天，你会希望与你的新伴侣一起建立一个新的家庭。这时，你和你的孩子又将面临新的挑战，因为你们现在组成了近年来人们熟知的"重组家庭"。

- 重组家庭中高敏感妈妈的难题 -

"拼接"这个名称源于一种著名的手工艺技术，即将单个织物拼接在一起制成毯子 ①。这与你现在面临的这个新的家庭形态类似：新家庭的每个成员都代表着一块独立的织物，不同的颜色、图案甚至质地，代表了他们自身的需求、动机和经历，如今被"拼"在一起组成新的有机整体。

除了不同家庭成员个性上的差异，新的家庭形式也为他们共同生活创造了丰富的可能性。要想在最终形成和谐的图案，我们就要像制作绗缝一样，进行一些预备工作。首先，家庭成员们应该共同讨论你们希望的生活是什么样的，即一起思考对未来家庭的设想。

为了避免大家对未来生活怀有过高的期望，我建议作为单亲妈妈的你首先认识到这样一个事实：即使与新伴侣同居，你仍然是单亲妈妈。你对自己的亲生孩子享有独家的监护权，并要继续承担这一责任。如果你希望新伴侣像孩子的亲生父亲一

① "拼接"（Patchwork）原指将不同材质或颜色的纺织品拼缝在一起。在英语中用"拼接家庭"（Patchwork-Family）指代重组家庭。——编者注

样分担照顾孩子的责任，这对他来说无疑是巨大且沉重的期许。

不幸的是，专业人士（治疗师、教师等）通常认为：如果你与伴侣同居，你就不再是单亲妈妈了。在有些情况下，尤其是在孩子很小的时候，母亲的新伴侣可能会取代亲生父亲的角色，承担起照顾和抚养婴儿的责任；但对于年龄稍大的孩子而言，他们可能更忠于自己的亲生父亲，并将母亲的新伴侣视为父亲的竞争对手，从而很难与对方和谐相处。

作为高敏感的妈妈，你可能经常在他们之间感到左右为难。你可能觉得孩子似乎并没有真正接纳你身边的新伴侣，尽管他们没有明说；你可能也注意到，虽然你希望新伴侣能更多地参与到养育孩子中来，但你在照顾孩子时却仍然感到孤立无援。对于秩序、信仰、育儿等方面的不同观点和态度也可能引发你们之间的冲突。当你的伴侣回到家时，发现你在给孩子读睡前故事而没来得及收拾鞋柜，接着他又被乱放的鞋子绊倒，于是突然大发脾气，这才是对你耐心的真正考验。虽然为孩子提供更多陪伴对你而言很重要，但对于你的伴侣来说，保持家庭整洁也很重要。

- 利用你的高度感知能力 -

在重组家庭中，有几个容易导致冲突的导火索，比如角色期望不明确、养育方式不同以及明显的性格矛盾，等等。在这个问题上，我建议你将你的高敏感特质视为一种优势。是的，你可能经常感到疲倦，并且当你试图满足家庭成员的不同需求时，你经常左右为难、倍感煎熬。但现在，请你坐下来稍作休息，试图让自己与问题保持距离，就像前文所描述的那样。通过保持适当的距离客观地看待自己的处境，你可以利用自己的高度感知能力，识别不同家庭成员的需求并尽力满足，以一种能够关注到每个人（包括自己）的方式进行讨论。以下场景就是一个很好的例子。

今天是星期六的早上。你第一个起床，为家人准备早餐。过了一会儿，所有家庭成员陆续醒来了。你注意到你的女儿似乎睡得不好，黑眼圈明显地挂在眼下，情绪似乎比较低落；你的儿子则充满活力，大声宣布他今天想去森林玩儿（他喜欢在那里探索几个小时）；而你的新伴侣似乎没有注意听，他好像已经进入了周末休闲模式，这通常意味着他打算好好享受自己的空闲时间并充分在家休息。当你注意到这一切时，你意识到自己一会儿还要去购物，又看到家具上的灰尘和餐桌下的碎屑，而其他家庭成员似乎都没有留意到这些细节。

你的内心感觉到压力开始慢慢上升。这时，你退回到内心，深吸了一口气让自己变得平静。然后你对女儿说："你睡得不好吗？"她闷闷不乐地点头回应。你又对儿子说："我知道你想去森林里玩一会儿，如果你能帮我收拾一下厨房，我们就有时间一起去森林啦。"接着对你的伴侣说："我想咱俩今晚应该一起做顿饭。你有什么好的想法吗？"只要你注意到家人所表达的信息，并集中注意力，全身心投入其中就好。不要认为你必须为你女儿的情绪负责，也不要认为你要保证让所有人都度过一个快乐且满足的周末。其实你根本不需要解决每个人的问题，更重要的是让自己在需求和责任之间保持健康的平衡。

- 面对前夫的影响 -

此外，还有一件事十分重要。有一个人虽然不在你身边，但对你们新家庭的生活有重要的影响，那就是你的前夫。即使你不愿承认，但必须明确的一点是，孩子的亲生父亲必须参与到关于孩子的所有决策中来，特别是在你们共同监护的情况下。如果你和前夫在养育孩子的看法上大相径庭，那会令你非常困扰。也许你们之间的关系已经十分紧张，甚至到了没有办法进行正常沟通的地步，你可能会感到非常愤怒、焦虑和悲伤，甚至每当与他接触之前，你可能都会感到胃痛——我曾经听一个单亲妈妈告诉我，每当她必须与前夫见面时，她的胃里就像有一个炙热的铁球在滚动，让她感到极度不适。

当面对前夫时，你可能意识到自己需要一层保护屏障。尤其是当你还不能熟练地与自我保持距离时，每一句不友好的话和每一种不理解的论调都会像是一记重拳打在你的胸口。在你的内心被愤怒和仇恨所充斥时，最好先表达这些强烈的情绪，而不是直接采取沉默或逃避的方式。也许你需要在专业人士的帮助下处理与前夫的关系，失望、挫折和悲伤都是强大的力量，如果不能妥善处理，它们会在潜意识中产生自发的动力，随着时间的推移逐渐堆积，并在某些需要保持冷静的情况下突然爆发出破坏性的力量。

被强烈的情绪困扰说明有一些问题没有得到妥善处理。根据伤害的程度及与原生家庭的联系，在你无法独自处理这种问题的情况下，你就需要一个真正尊重和关心你的人来陪伴，并得到细心的引导。

虽然我们都希望能够与重组家庭的其他成员和谐相处，然而你无法强求这种完美的结果。也许经过多年的努力，你会发现家庭成员的性格和观念依旧差异过大，所以你们最终也没有完全融为一个家庭，这是一个不得不面对的现实。高敏感者有时倾向于固执地坚持那些不切实际的想法，但只要我们退后一步，让事情顺其自然，也许反而可以获得一线转机，让自己也松一口气。

第四章

乘风破浪的你

你 的行为将变得更加自主，更加符合你内心的真实需求。

最终，你将更好地了解、更容易地接纳自己和孩子，进

而使你们的亲子关系更加融洽。

- 高敏感特质的社会接纳 -

作为一个高敏感的妈妈，你也许承担着很多责任。如果生活中的一切运转正常，那么你还不会觉得焦头烂额，只需要认真处理好自己的内心世界即可。但是，如果孩子不能"正常"发展呢？在一个注意力缺陷与多动障碍以通货膨胀式的速度出现的时代，一个有点"特殊"的孩子出现的概率似乎变得更高了。

在某个时刻，你会去拜访学校的心理老师、言语治疗师和心理医生。作为一个高敏感的妈妈，你对此有何感受？这不像看牙医那么简单，而是关乎你的孩子和你自己。别人会不断评价你的生活和你作为妈妈的能力。而每次当你坐在专业人员的面前精挑细选那些可以在孩子面前使用且不会伤害他的话语来描述问题时，你都感到心生内疚、疲惫不堪。但与此同时，每次预约又会重燃你的希望，认为终有一天你会找到一个真正理解你的绝望并提供有效帮助的人。

大多数专业人士对于高敏感这个特质可能并不熟悉，甚至持怀疑态度。当然，就像其他职业一样，这也取决于个人。在有些地区，人们仍然坚持扼杀孩子身上的敏感特质，认为只有这样才能让孩子为这个残酷的世界做好准备。然而，这种做法忽视了一个事实：每个人都在用不同的方式塑造着这个世界，因此每个从事教育工作的人都有机会塑造世界的未来。我坚信，我们应该支持高敏感的人，并帮助他们获得资源，因为正是由于这种高敏感特质，他们才有能力使世界变得更好。

在工作中，我经常遇到一些教师，他们能够以非常开放的心态接纳学生的敏感特质，甚至这些教师自己也可能是高度敏感的人，因此更能理解他们学生的所思所感。

在许多地方，好成绩和敏感特质似乎被看作是不可调和的对立面。然而，如果高敏感者处于良好包容的发展环境之下，再加上他们能够与内心和谐相处，那么他们非常有可能取得成功。由于有着强大的理解能力、谨慎的态度、清晰的逻辑和丰富的同理心，高度敏感的孩子可以成长为社会中的栋梁之材。我们需要做的仅是给予他们一点关注，并愿意将敏感特质视为社会亟需的一种宝贵品质。

- 摆脱内疚的"铁链" -

但是，当你的孩子没有按照"教科书"的规范发展时，你有什么感受？当开始写这本书时，我得知亲戚家一个女孩患上了饮食失调症和抑郁症。我很了解这个家庭，对人际关系问题也非常敏感，但这个消息还是让我大吃一惊。那个女孩的妈妈也同样感到很意外，很快就被恐惧和内疚的情绪淹没了。她告诉我，她觉得自己的心脏被一根铁链绑住了。在格林兄弟的童话故事《青蛙王子》的结尾有这样一段话：

> 亨利的主人变成青蛙后，忠诚的他感到非常悲伤，于是他在自己的胸口上戴上了三条铁链，以免他的心因悲伤而破碎。当马车来接年轻的王子回到王国时，忠心的亨利扶着他的主人和其妻子上了车。但是马车行驶不久，王子就听到身后有一声巨响。于是他担忧地转身喊道："亨利，马车要坏了！"亨利回答道："不，殿下，不是马车，是我心上的铁链。当您坐在井里被魔法变成一只青蛙时，我的心非常痛苦。"一路上传来一次又一次的巨响，王子总以为是马车坏了。实际上那只是亨利心脏上断裂的铁链发出的声音，因为他的主人现在已经得到了救赎和幸福，他的心也就不再面临破碎的风险了。

正如童话故事中所描述的那样，当高敏感的人意识到身边的人正在受苦时，他们会感到窒息。即使是远亲，他们也会非常关心，更不用说自己的孩子了。所以我对那个女孩的母亲心中绑上"铁链"的感觉完全可以感同身受。

然而，与童话故事不同的是，有时你可能会觉得根本无法摆脱这些"铁链"，但是这里有一些有效的方法和工具，可以帮助你减轻内疚的程度。例如，有这样一种观念，将家庭视为一个完整的系统，每个成员都对这个系统产生影响，它就像一个联动装置，其中各个部分是相互关联的；当你改变其中的一部分时，整个装置都会发生改变。随着系统疗法将焦点放在家庭上，很多心理医生都建议家庭成员定期坐在一起进行深入的交流。

诚然，我们应该有勇气与专业人士分享自己的困惑和担忧。但是，咨询也并不一定要从整个家庭开始，尤其是对于高敏感者来说，让他们和整个家庭一起接受咨询，对他们而言是一种额外的压力。并且，事实上很少有专业人士能够拥有足够的同理心，或者充分理解高度敏感这种特质，以至于他们不太能够做到恰如其分地开展工作。你应该了解自己的特点，耐心寻找可以为你和孩子提供良好支持的治疗单位或医疗机构。

因此，如果你有一个特殊的孩子，并发现自己受制于现行的医疗保险制度，我给你最重要的建议是：从一开始就好好关照自己。尽可能做一些对自己有益、让自己感到放松和快乐的事情。如果你能做到这一点，你就可以度过那些极其艰难的时光，甚至从其中的磨砺中蜕变得更加坚强。我们需要意识到，这个世界上的一切事物，包括人的一生，都是有限的。无论困难多大、持续多久，总会有结束的时刻。所以说，请学会原谅自己，将你的"错误"视为掌握生活的努力。

- 开启你的高敏感天赋 -

探索自己的个性，研究自己高敏感的天赋，就像是一种无法逆转的决定。这对你来说，意味着你在读过这本书之后，将不能再假装对自己的高敏感特质一无所知。通过高敏感的感知"放大镜"，许多情境会让你意识到自己独特的高敏感特质。你将日益清楚地感受到哪些事情对你不利，从而可以主动选择，更好地趋利避害，并开始以不同的方式感知你生活中的人和事。你的行为将变得更加自主，更加符合你内心的真实需求。最终，你将更好地了解、更容易地接纳自己和孩子，进而使你们的亲子关系更加融洽。你甚至能够敏锐地察觉社会中的焦点和热点问题，因为你的高敏感特质也可能会在这方面发挥作用。我有一个亲身经历可以说明这一点。

在我去阿尔高的路上，一篇电台报道吸引了我的注意。一个三岁的男孩被他母亲的伴侣严重虐待致死。母亲声称她注意到伴侣虐待孩子，但无法采取行动，因为她束手无策，一直陷于抑郁和疲劳之中。现在，这位母亲因疏于照顾孩子而面临长达十年的监禁生活。

这是一篇非常简洁的报道，并没有多少细节，却让我深感震惊。当然，我知道可能有很多因素导致这种悲剧的发生：早期教育中断、母亲自尊心缺乏、家庭支持和社会理解缺失、经济压力过大等。如果把责任仅仅归咎于一个因素，甚至仅仅归咎于母亲，那就未免太武断了。然而，撇开这些外部因素不谈，难道这位母亲没有可能因为高度敏感的特质而不堪重负吗？难道她不会被伴侣的行为完全吓坏，从而陷入一种震惊的麻木状态，以至于根本无法采取行动吗？也许她从小就没有体验到自主和自决，也许她一直生活在由男性主导的环境中，以至于没有给自己任何机会进行有效的反击；也许她是如此敏感，以至于只能降低自己的存在感，让自己在他人和外界环境的裹挟下生存下去……这些问题可能永远没有答案，但它们确实引发了我的深思。我并非想要掩饰这位妈妈不作为的责任，而是从人性的角度，让你思考这个妈妈不堪重负的深层原因。

在这方面，你高度敏感的特质赋予了你特权。你阅读这本书，进行自我重塑，不断充实自己，扩展自我的能力。你意识到自己拥有高敏感的特质，并且能够妥善处理它，或者至少愿意学习如何处理。然而，还有很多人可能对此一无所知，并且在生活中不得不面对冷漠和暴力。一些社会边缘的人也有可能是高敏感的人，但与你不同的是，他们几乎没有机会以建设性的方式处理自己的高敏感特质。酗酒或其他形式的成瘾可能是在高敏感特质的基础上发展起来的，但在这种极端情况下，实际上这种特质往往已经被长期压抑、滥用和否定。

也许我们永远无法准确统计未报告的高敏感者人数，但当我们重新审视"上瘾"或"精神疾病"的概念时，如果我们能从高敏感者的角度去思考，确实会为未来社会的发展打开一种新的视野。作为一位高敏感妈妈，你是其中的一部分，这意味着你有机会通过你的敏感特质让你和孩子的世界变得更好。祝你成功！